［Q&A］
同族法人をめぐるオーナー社長の貸付金・借入金消去の税務

税理士／
1級ファイナンシャル・プランニング技能士

伊藤 俊一 著

LOGICA
ロギカ書房

はじめに

　同族特殊関係者間の金銭消費貸借契約をどのように解消するかは相続税対策や資本の増強、再構築といった場面において頻出事項です。解消策に伴う課税関係のみならず、当該解消に係る証拠の整理も重要事項です。

　本書の大きな特徴は、以下の点に集約されます。
・初級者から上級者まで幅広い読者のニーズにこたえるものを意識しています。
・論点は意図的にニッチな分野まで踏み込んで、特に網羅性を重視しています。そのため、類書では軽く扱っている記載についても誌面の許す限り詳細な解説をしています。
・裁決・裁判例についても網羅性を重視し、できるだけ実務上のヒントになるような汎用性のあるものを厳選して掲載しています。
・評価は「不知・うっかり」で失念することが大半であり、苦手意識を持っている実務家が多いため表現はできるだけ平易に、また、随所に非常に簡単な「よくある」事例を組み込み、具体的な取引をイメージしていただけるようにしました。一方で、実務上稀な事例についても上級者向けに汎用性のある取引のみを厳選し掲載しています（この点に関しては論点の切り貼りと感じられる読者もいらっしゃることと存じますが、課税実務での多くの失敗は「不知・うっかり」によるものです。したがって、論点は誌面の許す限り掲載しました。あくまで「普段よく使う周辺課税実務」にこだわっています）。

　最後に、株式会社ロギカ書房代表取締役橋詰守氏には企画段階から編集等、力強くサポートしていただいたこと、本書の実例作成にあたり多くを参照させていただいた、普段から良質な御質問をくださる税務質問会

（https://myhoumu.jp/zeimusoudan/）会員様に心から感謝申し上げます。

令和5年3月

税理士　伊藤　俊一

【目 次】

はじめに

【凡例】

相法	相続税法
相令	相続税法施行令
相基通	相続税法基本通達
所法	所得税法
所令	所得税法施行令
所基通	所得税基本通達
法法	法人税法
法令	法人税法施行令
法基通	法人税基本通達
措法	租税特別措置法
措通	租税特別措置法関係通達
評基通	財産評価基本通達
地法	地方税法
地令	地方税法施行令
民法	民法
民訴法	民事訴訟法

所令109①三	所得税法施行令第109条第1項第3号

本書は、令和5年4月1日の法令・通達に基づいています。
ただし、当局内部資料は旧法条文・通達になっている場合
もあります（原文ママということ）。

第 1 章

オーナー（社長）の同族法人への
貸付金消去の税務

　オーナー（社長）や同族特殊関係者からの貸付け、すなわち法人におい
て役員借入金（貸方）に計上されているものについて、消去の手法として
生前対策で考えられる事項は下記が代表的です。

・オーナー（社長）が会社に対し債権放棄（会社にとっては債務免除）

・DES

・擬似 DES

・役員給与減額、減額分で徐々に精算（タイミングが合えば役員退職金と
　の相殺）

・代物弁済等

・第二会社方式

・貸付金を親族へ贈与

・受益権分離型プランニングによる元本受益権圧縮後の贈与

・持分会社移行による貸付金減額プランニング

　課税実務では、「オーナー（社長）が会社に対し債権放棄（会社にとって
は債務免除）」と「役員給与減額、減額分で徐々に精算」を併用する方法
が一般的です。

　一気に解消したい場合、DES や擬似 DES を選択します。

　なお、保険を活用したプランニング（保険料を代物弁済するプランニン
グ、ハーフタックスを活用したプランニング等々）、不動産購入とそれに係る
借入金により株価を０にして増資し、返済に充てるというプランニングも
ありますが、税務上は疑義が生じる論点が非常に多くあるため、本稿では
意図的に触れません。

　また、「役員給与減額、減額分で徐々に精算」については論点はあまり
ないので、本稿では触れません。

　下記では上記の代表的な手法を順番に見ていきます。

[1]

オーナー（社長）が会社に対し債権放棄
（会社にとっては債務免除）

Q1 債権放棄について税務上の留意点

「オーナー（社長）が会社に対し債権放棄（会社にとっては債務免除）」
について税務上の留意点をご教示ください。

Answer

　税効果という側面では不得手な場合もありますが、課税実務では結論が
明確になっていることから、課税関係の簡潔さという面で非常に多く用い
られます。相続まで時間がある場合、これと「役員給与減額、減額分で
徐々に精算」を併用すれば特段問題は生じません。

【解 説】

(STEP 1)　　貸付金放棄⇒会社では債務免除益という益金が計上されま
　　　　　　す。したがって、通常、繰越欠損金や法人所得圧縮策がある
　　　　　　場合に実行します。

(STEP 2)　　株価評価上昇⇒相続税法第9条より、みなし贈与課税が生じ
　　　　　　ます。債権放棄者から既存株主への贈与です。

相続税法第9条

　　第5条から前条まで及び次節に規定する場合を除くほか、対価を支払わ
ないで、又は著しく低い価額の対価で利益を受けた場合においては、当該
利益を受けた時において、当該利益を受けた者が、当該利益を受けた時に
おける当該利益の価額に相当する金額（対価の支払があった場合には、そ
の価額を控除した金額）を当該利益を受けさせた者から贈与（当該行為が
遺言によりなされた場合には、遺贈）により取得したものとみなす。ただ
し、当該行為が、当該利益を受ける者が資力を喪失して債務を弁済するこ
とが困難である場合において、その者の扶養義務者から当該債務の弁済に
充てるためになされたものであるときは、その贈与又は遺贈により取得し

たものとみなされた金額のうちその債務を弁済することが困難である部分
の金額については、この限りでない。

相続税法基本通達9－2
（株式又は出資の価額が増加した場合）

　同族会社（法人税法（昭和40年法律第34号）第2条第10号に規定する同
族会社をいう。以下同じ。）の株式又は出資の価額が、例えば、次に掲げ
る場合に該当して増加したときにおいては、その株主又は社員が当該株式
又は出資の価額のうち増加した部分に相当する金額を、それぞれ次に掲げ
る者から贈与によって取得したものとして取り扱うものとする。この場合
における贈与による財産の取得の時期は、財産の提供があった時、債務の
免除があった時又は財産の譲渡があった時によるものとする。

⑴　会社に対し無償で財産の提供があった場合　当該財産を提供した者

⑵　時価より著しく低い価額で現物出資があった場合　当該現物出資をし
　た者

⑶　対価を受けないで会社の債務の免除、引受け又は弁済があった場合
　当該債務の免除、引受け又は弁済をした者

⑷　会社に対し時価より著しく低い価額の対価で財産の譲渡をした場合
　当該財産の譲渡をした者

　「（STEP 1）貸付金放棄⇒会社では債務免除益という益金が計上されま
す。したがって、通常、繰越欠損金や法人所得圧縮策がある場合に実行」
してもなお役員借入金がある場合において、「役員給与減額、減額分で
徐々に精算」だけを続けていく場合、当該残額分について「DES」もし
くは「擬似DES」を実行する場合もあります。

　また相続税基本通達9－2の射程内であれば株価を計算する必要があり
ます。

　この際の贈与税の課税標準は、類似業種比準価額の計算においては、下
記の差額×所有株式数です。

債権放棄後株価…Ⓑ、Ⓒ、Ⓓ＋債務免除益

債権放棄前株価…Ⓑ、Ⓒ、Ⓓ（何も数値加減算しない）

　当該債務免除で株価上昇しても実質債務超過のままであるなら、株価0のため贈与に係る課税関係は生じません。

　また、非経常的な利益金額について、評価会社の業種、営業などの実態等により異なるものの、非経常的に生じる債務免除益も通常は含まれますが、本件では定期的に実行していると想定しているので、臨時偶発的に生じたものとはいえず、非経常益に該当しません。

　直前期末から課税時期までの間に債務免除をした場合の純資産価額方式においては、課税時期の貸付金のない状態に基づき、原則どおり仮決算を行って評価します。

　なお、配当還元方式で評価している場合、債務免除益の計算は特段生じません。結果として相続税基本通達9-2の射程外になります。

Q2　債権放棄について形式上の留意点

> 「オーナー（社長）が会社に対し債権放棄（会社にとっては債務免除）」
> について形式上の留意点をご教示ください。

Answer

　下記のように念入りにされる場合もあります。どこまで実行するかは金額の重要性で判断すべきです。

【解　説】

　贈与認定を避けるため、債権放棄に関して、「債権放棄通知書」「念書」について

　・印鑑証明取得、添付

　・確定日付を付す

場合もあります。

　なお、金額の重要性によっても変わりますが公正証書までは不要です。

（参考）

第三者に対して債務免除を行った場合の貸倒れ

【照会要旨】

　A社は、得意先であるB社に対して5千万円の貸付金を有していますが、B社は3年ほど前から債務超過の状態となり、その業績及び資産状況等からみても、今後その貸付金の回収が見込まれない状況にあります。

　そこで、A社はB社に対して有する貸付金5千万円について書面により債務免除を行うことを予定していますが、これを行った場合、A社のB社に対する貸付金5千万円を貸倒れとして損金算入することは認められますか。

　　なお、A社とB社との間には資本関係や同族関係などの特別な関係はなく、A社とB社との取引はいわば第三者間取引といえるものです。

【回答要旨】
　　当該貸付金については、貸倒れとして損金の額に算入されます。
（理由）
1　　御照会の趣旨は、第三者に対して債務免除を行った場合に、その債務免除額は損金の額に算入できるかということかと思われます。この点、法人の有する金銭債権について、債務者の債務超過の状態が相当期間継続し、その金銭債権の弁済を受けることができないと認められる場合において、その債務者に対し書面により明らかにされた債務免除額は、その明らかにされた日の属する事業年度において貸倒れとして損金の額に算入することとされています（法人税基本通達9－6－1(4)）。

　　　この場合の貸倒損失の計上は、金銭債権の弁済を受けることができないと認められる場合の債務免除の取扱いですので、その債務者が第三者であることをもって無条件に貸倒損失の計上ができるというものではありませんが、第三者に対して債務免除を行う場合には、金銭債権の回収可能性を充分に検討した上で、やむなく債務免除を行うというのが一般的かと思われますので、一般には同通達の取扱いにより貸倒れとして損金の額に算入されます。
（注）　第三者に対して債務免除を行う場合であっても、同通達に掲げる場合と異なり、金銭債権の弁済を受けることができるにもかかわらず、債務免除を行い、債務者に対して実質的な利益供与を図ったと認められるような場合には、その免除額は税務上貸倒損失には当たらないことになります。

2　　A社の場合、第三者であるB社は債務超過の状態にあり、B社に対する貸付金の免除は、今後の回収が見込まれないために行うとのことですから、当該貸付金については上記1の取扱いにより貸倒れとして損金算入されます。

3 なお、上記1の取扱いの適用に当たっては、次の点に留意する必要があります。

(1) 「債務者の債務超過の状態が相当期間継続」しているという場合における「相当期間」とは、債権者が債務者の経営状態をみて回収不能かどうかを判断するために必要な合理的な期間をいいますから、形式的に何年ということではなく、個別の事情に応じその期間は異なることになります。

(2) 債務者に対する債務免除の事実は書面により明らかにされていれば足ります。この場合、必ずしも公正証書等の公証力のある書面によることを要しませんが、書面の交付の事実を明らかにするためには、債務者から受領書を受け取るか、内容証明郵便等により交付することが望ましい（※下線筆者）と考えられます。

【関係法令通達】
法人税基本通達9−6−1⑷

Q3　債権放棄と期限切れ欠損金の関係

> 「オーナー（社長）が会社に対し債権放棄（会社にとっては債務免除)」
> と期限切れ欠損金との関係についてご教示ください。

Answer

　債務免除益の金額と繰越欠損金の金額の大小比較によっては、法人が
「いったん」清算し（つまり個人成りするということ）期限切れ欠損金の損
金算入まで視野に入れる可能性もあります。下記の質疑応答事例が重要で
す。

【解 説】

> **法人税法等59条第3項**
> **（会社更生等による債務免除等があった場合の欠損金の損金算入）**
> 　内国法人について更生手続開始の決定があった場合において、その内国
> 法人が次の各号に掲げる場合に該当するときは、その該当することとなっ
> た日の属する事業年度（以下この項において「適用年度」という。）前の
> 各事業年度において生じた欠損金額（連結事業年度において生じた第81条
> の18第1項（連結法人税の個別帰属額の計算）に規定する個別欠損金額
> （当該連結事業年度に連結欠損金額が生じた場合には、当該連結欠損金額
> のうち当該内国法人に帰せられる金額を加算した金額）を含む。）で政令
> で定めるものに相当する金額のうち当該各号に定める金額の合計額に達す
> るまでの金額は、当該適用年度の所得の金額の計算上、損金の額に算入す
> る。
> 三　第25条第2項（会社更生法又は金融機関等の更生手続の特例等に関す
> 　る法律の規定に従って行う評価換えに係る部分に限る。以下この号にお
> 　いて同じ。）（資産の評価益の益金不算入等）に規定する評価換えをした
> 　場合　同項の規定により当該適用年度の所得の金額の計算上益金の額に

算入される金額（第33条第3項（資産の評価損の損金不算入等）の規定
により当該適用年度の所得の金額の計算上損金の額に算入される金額が
ある場合には、当該益金の額に算入される金額から当該損金の額に算入
される金額を控除した金額）

非常に読みにくい法文です。課税実務では下記を参照します。

法人が解散した場合の設立当初からの欠損金額の損金算入制度（法法59③）
における「残余財産がないと見込まれるとき」の判定について

【照会要旨】
① 　A社は、平成28年9月30日に解散したが、その時点における貸借対照
　表の純資産額は△100,000千円である。
② 　A社は、平成28年10月31日に土地の譲渡を行い、その売却益150,000千
　円を計上したことにより、純資産の部が50,000千円となり、債務超過の状
　態を解消することとなった。
③ 　A社は、平成28年11月30日に残余財産が確定したことから、平成28年
　10月1日から平成28年11月30日までの事業年度（以下「平28/11期」とい
　う。）における法人の所得計算をしたところ、法人税等の額（相手科目：
　未払法人税等）が60,000千円発生するため、純資産の部が△10,000千円と
　なる。

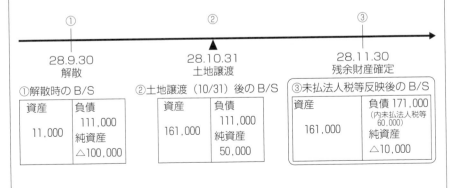

　上記のような事実関係がある場合、法人が解散した場合の設立当初からの欠損金額の損金算入制度（法法59③）の適用に際し、平28/11期（適用年度）が残余財産がないと見込まれるとき（債務超過の状態にあるとき）に該当するかどうかは、上記③の状態で未払法人税等を負債に含めたところで判定して差し支えありませんか。

【回答要旨】

　貴見のとおり、取り扱われることとなります。

　（理由）

(1)　法人が解散した場合の設立当初からの欠損金額の損金算入制度（法法59③）

　　イ　法人が解散した場合において、残余財産がないと見込まれるときは、その清算中に終了する事業年度前の各事業年度において生じた欠損金額を基礎として計算した金額に相当する金額は、青色欠損金等の控除後の所得の金額を限度として、その事業年度の所得の金額の計算上、損金の額に算入することとされています。

　　ロ　この場合の「残余財産がないと見込まれるとき」について、法人税基本通達12-3-8《残余財産がないと見込まれることの意義》では、解散した法人が当該事業年度終了の時において債務超過の状態にあるときは、これに該当することが明らかにされています。

　　ハ　また、この債務超過の状態であるかどうかは、一般的には実態貸借対照表（法人の有する資産・負債の価額（時価ベース）で作成された貸借対照表）により確認できることが法人税基本通達12-3-9《残余財産がないと見込まれることを説明する書類》において明らかにされています。

(2)　本件へのあてはめ

　　上記(1)のとおり、その法人が事業年度終了の時において債務超過の状態にあるときは、「残余財産がないと見込まれるとき」に該当することとなり、その状態は、法人の清算中に終了する各事業年度終了の時の実態貸借対照表によって判断することになります。

御質問は、「残余財産がないと見込まれるとき（債務超過の状態にあるとき）」の判定に際し、法人税の所得金額の計算上、損金の額に算入されない法人税等の額に係る債務（未払法人税等）は含めずに判定するのではないかとの疑問によるものと思われます。

この点、一般的に、実態貸借対照表を作成するに当たっては、事業年度終了の時において有する資産に係る含み損益、退職が見込まれる従業員に将来支給する退職金など、その時において税務上損益の実現を認められないものであっても、法人の清算に当たって実現が見込まれる損益まで考慮して、その作成がされているところです。（※下線筆者）

このようなことからすれば、本件照会における未払法人税等についても清算中の事業年度（適用年度）において税務上損益の実現は認められないものではありますが、実態貸借対照表の作成時（平28/11末）の状況で将来発生が見込まれるものであることから、その実態貸借対照表に計上しているものと考えられます。

したがって、本件の場合、平28/11期（適用年度）の未払法人税等60,000千円を負債に含めた実態貸借対照表に基づき「残余財産がないと見込まれるとき」の判定を行うこととなります。

【関係法令通達】
法人税法第59条第3項
法人税基本通達12−3−8、12−3−9

質疑応答事例中にある

「債務超過の状態であるかどうかは、一般的には実態貸借対照表（法人の有する資産・負債の価額（時価ベース）で作成された貸借対照表）」

とは、課税実務上は、

・財産評価基本通達によって評価替えされた時価純資産評価額ベース
・財務DD後の数値

でも問題ありません。

その算定根拠に恣意性が介入されていない以上、それ自身問題になることはありえません。

なお、法人税法における法人税法上の時価を使うべきとし、法人税基本通達4－1－6により計算するべきとの見解もあります。

どれを用いるにせよ合理的な計算方法に基づいていれば特段問題は生じません。

また、国税庁のHPから「実態貸借対照表」について言及されているのは当該質疑応答事例のみです。本稿の主題とは離れますが、残余財産の分配おける実態貸借対照表も上述と同じ考え方です。

（参考）

> ### 期限切れ欠損金額の算定方法　〔税研より〕[1]
> ### ［平成27年4月1日現在法令等］
>
> Q．質問
>
> 　当社は、現在、債務超過の状態にあり、今後、事業の再生の見込みもありませんので、解散する予定です。ところで、平成22年度の税制改正により、解散した法人に残余財産がないと見込まれるときは、いわゆる期限切れ欠損金額を損金の額に算入することができることとなったと聞きました。
>
> 　当社は、含み益のある資産はありますが、最終的には清算配当が見込まれないことから、仮に、清算中の事業年度において青色欠損金額を超える所得の金額が生じたとしても、いわゆる期限切れ欠損金額を損金の額に算入することができるものと考えています。
>
> 　このような場合の期限切れ欠損金額はどのように算定するのでしょうか。

1　日本税理士会連合会、公益財団法人日本税務研究センター https://www.jtri.or.jp/counsel/detail.php?id=347から引用しています。

A．回答

　清算中の事業年度における損金算入の対象となる期限切れ欠損金額は、当該事業年度の法人税申告書別表五（一）の「期首現在利益積立金額①」の「差引合計額31」欄に記載されるべき金額がマイナス（△）である場合のその金額から、当該事業年度に損金の額に算入される青色欠損金額又は災害損失欠損金額を控除した金額となります。

　ただし、損金の額に算入することができる期限切れ欠損金額は、当該事業年度の青色欠損金額等の控除後の所得の金額が限度となります。【解説】「税研」Vol.27-No.1（158号）2011.7　57～58頁　参照

参考条文等
法人税法第59条第3項　法人税法施行令第118条　法人税基本通達12-3-2

（参考）

平成22年6月30日付課法2-1ほか1課共同「法人税基本通達等の一部改正について」（法令解釈通達）の趣旨説明

第1　法人税基本通達関係
　8　会社更生等による債務免除等があった場合の欠損金

【新設】（残余財産がないと見込まれるかどうかの判定の時期）

12-3-7　法第59条第3項《解散した場合の期限切れ欠損金額の損金算入》に規定する「残余財産がないと見込まれる」かどうかの判定は、法人の清算中に終了する各事業年度終了の時の現況による。

【解説】
1　平成22年度の税制改正により、清算所得課税制度が廃止され、平成22年10月1日以後に解散する法人の清算中に終了する事業年度についても、各事業年度の所得に対する法人税が課されることとされた（通常所得課

税）。また、これに併せて、法人が解散した場合において、残余財産がないと見込まれるときには、清算中に終了する事業年度（法人税法第59条第1項又は第2項の規定の適用を受ける事業年度を除く。以下「適用年度」という。）前の各事業年度において生じた欠損金額（以下「期限切れ欠損金額」という。）に相当する金額は、青色欠損金額等の控除後の所得の金額を限度として、当該適用年度の所得の金額の計算上、損金の額に算入することとされた（法593）。

　この期限切れ欠損金額とは、次の1に掲げる金額から2に掲げる金額を控除した金額をいう（法令118）。

1　適用年度終了の時における前事業年度以前の事業年度から繰り越された欠損金額の合計額

2　法人税法第57条第1項又は第58条第1項の規定により適用年度の所得の金額の計算上損金の額に算入される欠損金額（いわゆる青色欠損金額又は災害損失欠損金額）

2　ところで、期限切れ欠損金額の損金算入制度を適用する場合において、解散した法人が「残余財産がないと見込まれる」かどうかの判定は、当該法人が解散した時点で行うのか、あるいは清算中に終了する各事業年度の終了の時において行うのかといった疑義が生ずる。

　この点について、期限切れ欠損金額は、法人の清算中に終了する各事業年度の所得の金額の計算上、損金の額に算入することとなるため、期限切れ欠損金額を損金の額に算入できるかどうかは、当該事業年度末において判定することとなるのである。

　そこで、法人が解散した場合の期限切れ欠損金額の損金算入の規定の適用上、法人に「残余財産がないと見込まれる」かどうかの判定は、その法人の清算中に終了する各事業年度終了の時の現況によることを本通達で明らかにしている。

3　なお、法人に「残余財産がないと見込まれる」かどうかの判定は、上記のとおり、その法人の清算中に終了する各事業年度終了の時の現況による

ことから、「残余財産がないと見込まれる」と判断して期限切れ欠損金額を損金算入した後に、状況が変わって当初の見込みと異なることになっても、過去において行った期限切れ欠損金額の損金算入をさかのぼって修正する必要はないことに留意する必要がある。

【新設】（残余財産がないと見込まれることの意義）

> 12－3－8　解散した法人が当該事業年度終了の時において債務超過の状態にあるときは、法第59条第3項《解散した場合の期限切れ欠損金額の損金算入》に規定する「残余財産がないと見込まれるとき」に該当するのであるから留意する。

【解説】

1　平成22年度の税制改正により、清算所得課税制度が廃止され、これに併せて、解散した法人に「残余財産がないと見込まれるとき」には、清算中に終了する事業年度において期限切れ欠損金額を損金の額に算入することができることとされた。

2　ところで、解散した法人は一般的に債務の弁済等を行って残余財産を確定させ、これを株主に分配することになるが、解散した法人に「残余財産がないと見込まれるとき」とは具体的にどのような状態にあることをいうのかという疑義が生ずる。

　この点について、解散した法人が「残余財産がないと見込まれる」かどうかは一様ではないと考えられるが、一般的には、その法人が当該事業年度終了の時において債務超過の状態にあるときは、「残余財産がないと見込まれるとき」に該当することとなる。本通達で、このことを留意的に明らかにしている。

3　なお、例えば、裁判所若しくは公的機関が関与する手続、又は、一定の準則に基づき独立した第三者が関与する手続において、法人が債務超過の

状態にあることなどをこれらの機関が確認している次のような場合には、「残余財産がないと見込まれるとき」に該当するものと考えられる。

　１　清算型の法的整理手続である破産又は特別清算の手続開始の決定又は開始の命令がなされた場合（特別清算の開始の命令が「清算の遂行に著しい支障を来たすべき事情があること」のみを原因としてなされた場合を除く。）

　２　再生型の法的整理手続である民事再生又は会社更生の手続開始の決定後、清算手続が行われる場合

　３　公的機関の関与又は一定の準則に基づき独立した第三者が関与して策定された事業再生計画に基づいて清算手続が行われる場合

（参考）　平成22年10月６日付法人課税課情報第５号ほか２課共同「平成22年度税制改正に係る法人税質疑応答事例（グループ法人税制その他の資本に関係する取引等に係る税制関係）（情報）」問10

【新設】（残余財産がないと見込まれることを説明する書類）

> 12-3-9　規則第26条の６第３号《会社更生等により債務の免除を受けた金額等の明細等に関する書類》に定める「残余財産がないと見込まれることを説明する書類」には、例えば、法人の清算中に終了する各事業年度終了の時の実態貸借対照表（当該法人の有する資産及び負債の価額により作成される貸借対照表をいう。以下12-3-9において同じ。）が該当する。
>
> 　（注）　法人が実態貸借対照表を作成する場合における資産の価額は、当該事業年度終了の時における処分価格によるのであるが、当該法人の解散が事業譲渡等を前提としたもので当該法人の資産が継続して他の法人の事業の用に供される見込みであるときには、当該資産が使用収益されるものとして当該事業年度終了の時において譲渡される場合に通常付される価額による。

【解説】

1　平成22年度の税制改正により、清算所得課税制度が廃止され、これに併せて、解散した法人に「残余財産がないと見込まれるとき」には、清算中に終了する事業年度において期限切れ欠損金額を損金の額に算入することができることとされた。

2　ところで、解散した法人が、清算中に終了する各事業年度において期限切れ欠損金額を損金の額に算入する場合には、当該事業年度の確定申告書に残余財産がないと見込まれることを説明する書類を添付することとされているが（法規26の6三）、具体的にどのような書類を添付すればよいのかという疑義が生ずる。

　　この点について、解散した法人が当該事業年度終了の時において債務超過の状態にあるときは、「残余財産がないと見込まれるとき」に該当するとしているところ（基通12-3-8）、例えば、法人の清算中に終了する各事業年度終了の時の実態貸借対照表（その法人の有する資産及び負債の価額により作成される貸借対照表をいう。）によって、当該法人が債務超過の状態にあることが説明できると考えられるため、この実態貸借対照表は「残余財産がないと見込まれることを説明する書類」に該当することになる。本通達では、このことを明らかにしている。

3　法人が実態貸借対照表を作成する場合のその資産の価額は、清算を前提にすれば資産は処分されることが一般的であると考えられることから、当該事業年度終了の時における処分価格によることになるが、法人の解散が事業譲渡等を前提としたもので、その法人の資産が継続して他の法人の事業の用に供される見込みであるときには、処分価格によることは適当ではなく、当該資産が使用収益されるものとして当該事業年度終了の時において譲渡される場合に通常付される価額によることになる。本通達の注書では、このことを併せて明らかにしている。

4　なお、例えば、裁判所若しくは公的機関が関与する手続、又は、一定の

準則に基づき独立した第三者が関与する手続において、法人が債務超過の
状態にあることなどをこれらの機関が確認している場合には、「残余財産
がないと見込まれるとき」に該当するものと考えられるが（法人税基本通
達12－3－8の解説「3」参照）、この場合の「残余財産がないと見込まれ
ることを説明する書類」は、必ずしも実態貸借対照表による必要はなく、
例えば、破産手続開始決定書の写しなど、これらの手続の中で作成された
書類によることができよう。

Q4　債権放棄と行為計算規定に係る伝統論点

> 「オーナー（社長）が会社に対し債権放棄（会社にとっては債務免除）」
> と行為計算規定に係る伝統論点についてご教示ください。

Answer

　「オーナー（社長）が会社に対し債権放棄（会社にとっては債務免除）」に
ついて行為計算規定が発動する余地は一切ありません。

【解 説】

　債務免除により、行為計算否認（相法64①）は発動しません。浦和地裁
昭和56年2月25日裁判例の判示があります。

浦和地裁昭和54年（行ウ）第4号　相続税更正処分等取消請求事件　昭和56
年2月25日判決【同族会社の株主である被相続人が生前会社に対して行った
債務免除】（TAINZ コード Z116－4744）

〔判決要旨〕
(1)　相続税法64条は、一定の要件のもとにおいて税務署長に同族会社の行為
　又は計算を否認できる旨を定めた規定であるが、同条1項にいう「同族会
　社の行為」とは、その文理上、自己あるいは第三者に対する関係において
　法律的効果を伴うところのその同族会社が行う行為を指すものと解するの
　が当然である。
　　そうだとすると、同族会社以外の者が行う単独行為は、その第三者が同
　族会社との間に行う契約や合同行為とは異って、同族会社の法律行為が介
　在する余地のないものである以上、「同族会社の行為」とは相容れない概
　念であるといわざるをえない。
(2)　課税庁は、同族会社の役員等の行為（単独行為を指すものであろう。）
　は同族会社の行為と同視することができる旨主張するが、少なくとも税法

の分野においては、同族会社とその役員等の個人とは明確に別個の法人格であることを前提とし、そのために所得税法157条、相続税法64条等の規定が置かれているのであるから、右主張は採用することができない。

(3)　（省略）

(4)　本件売買契約において、本件宅地所有権移転の時期を明らかに定めた特約は認められないけれども、右のように、売買契約における最も主要な行為である物件の引渡、所有権移転登記、売買残代金（金額の約3分の2にあたる。）支払時期等を売買契約締結日から約1か月半後の一定期日に定めているのであるから、本件売買契約の当事者としては、契約に際して、本件宅地の所有権は少なくとも右各行為が完了した時点において移転させる旨を暗黙のうちに合意したものと認めるのが相当である。

(5)　（省略）

(6)　相続税法22条は、相続により取得した財産の価格は、特別の定めあるものを除くほか、時価によるものとしているところ、土地の所有権移転登記請求権の価格については特別の定めがないので、相続開始時の時価によることとなるが、その時価とは、不特定多数者間において自由な取引が行われる場合に通常成立する価額をいうものと解される。

　　金子宏先生は『租税法』の中で「行為計算否認は同族会社の単独行為や契約が必要で、当該債務免除は、株主の単独行為であるから発動しない」と述べておられます。

（参考）

東京税理士会会員相談室0051　所得税　同族会社に対する貸付金等の回収不能と更正の請求【東京税理士界　平成27年10月1日第705号掲載】（TAINZコード）所得事例東京会010051

【事例】

1　X社の代表取締役である甲は、金銭消費貸借契約書により同社に5,000

万円の貸付金を有している。

　　この契約書によれば、毎年4月1日～9月30日間の利息は9月30日に、10月1日～翌年3月31日間の利息は翌年3月31日に、年3％の利率で年2回に分けて支払うことになっており、返済期限についての定めはない。

2　同社は平成22年頃から経営不振に陥り、甲への利息の支払が困難となったため、甲は、平成25年10月1日付で、同日以後の期間に係る利息を無利息とする覚書を同社と取り交わした。

3　同社の平成27年3月期の決算書には、この貸付金に対する未払利息の累計額375万円が計上されており、甲は、この未払利息に相当する未収利息（平成23年分75万円、平成24年分150万円、平成25年分150万円）について、雑所得として同社からの給与所得などとともに各年分の所得税の確定申告をしている。

4　同社は、平成26年3月期において本社社屋の敷地である宅地を甲に譲渡し、その譲渡代金で金融機関からの借入金を返済したので、同社の現在の借入金は甲からの借入金5,000万円だけであり、業績は芳しくないが事業は継続している。同社の平成23年3月期以後の各事業年度の損益は毎期赤字であり、特に平成26年3月期においてはバブル時に高額で取得した前記の宅地を譲渡したことによる多額の譲渡損失が生じている。

　　また、同社は、前記の宅地を甲に譲渡した後、甲から同宅地を同社の本社社屋の敷地として使用貸借により無償で借り受けているが、これについては税務署長に無償返還届出書を提出しており、借地権は存在せず、ほかに換価価値のある資産はなく、債務超過の状態にある。

5　甲が同社に対する貸付金債権及び未収利息債権を免除した場合、甲の所得税の課税関係はどのようになるか。

【回答】

1　免除した貸付金5,000万円の損失の金額は、甲の所得税の課税上なんら考慮されない。

2　免除した未収利息の損失の金額については、次による。

（1）X社の債務超過の状態が相当期間継続し、その未収利息の弁済を受

けることができないと認められる場合において、甲が書面によりその免除を同社に通知したものであるときは、甲は、平成23年、平成24年及び平成25年の各年分の所得税について更正の請求を行うことにより、一定の金額を限度として、その未収利息に係るこれらの各年分の雑所得について納付した所得税の還付を受けることができる。

⑵　前記⑴に該当しない場合には、甲の所得税の課税上なんら考慮されない。

【検討】

Ⅰ　貸付金5,000万円の免除について

　雑所得の基因となる資産（山林及び生活に通常必要でない資産を除く。）の損失の金額は、保険金、損害賠償金その他これらに類するものにより補填される部分の金額、資産の譲渡又はこれに関連して生じたもの及び雑損控除の対象となるものを除き、その損失の生じた日の属する年分の雑所得の金額（その損失の金額を必要経費に算入しないで計算した雑所得の金額）を限度として、その損失の生じた日の属する年分の雑所得の金額の計算上、必要経費に算入される（所法51④）。

　本事例のX社に対する貸付金5,000万円は、平成25年9月30日までは、利息収入の生ずる貸付金、すなわち雑所得の基因となる資産であったが、同日後は利息の生じない無利息貸付金となったため、その貸付金はその免除をした時においては「雑所得の基因となる資産」に該当しない。

　したがって、本事例の貸付金5,000万円の免除による損失は、その貸付金の弁済を受けることができないために免除したものであるかどうかに関係なく、甲の所得税の課税上なんら考慮されない。

Ⅱ　未収利息375万円の免除について

1　その年分の各種所得の金額の計算の基礎となる収入金額（不動産所得、事業所得又は山林所得を生ずべき事業に係る収入金額を除く。以下同じ。）の全部又は一部を回収することができないこととなった場合には、次に掲げる金額のうち最も少ない金額に相当する収入金額はなかっ

たものとみなされる（所法64①、所令180②、措令4の2⑥、20④、21
⑦、25の8⑭、26の23⑥、所基通64−2の2）。

(1)　回収不能額

(2)　(1)の回収不能額が生じた時の直前において確定しているその回収不
　　能額に係る収入金額の属ずる年分の課税標準（※）の合計額

(3)　(2)の課税標準の計算の基礎とされた回収不能額に係る各種所得の金
　　額

　　※課税標準とは、総所得金額、山林所得金額、退職所得金額、上場株
　　　式等に係る配当所得の金額、長期譲渡所得の金額、短期譲渡所得の
　　　金額、株式等に係る譲渡所得等の金額又は先物取引に係る雑所得等
　　　の金額をいう。

2　本事例の未収利息の免除による損失の金額が前記1の(1)の回収不能額
　（以下「回収不能額」という。）に該当する場合には、その未収利息に係
　る平成23年、平成24年及び平成25年の各年分の雑所得の収入金額のうち
　前記1の(1)〜(3)のうち最も少ない金額に相当する金額はなかったものと
　みなされ、これらの各年分の所得税について更正の請求をすることがで
　きる（通則法23①、所法152）。

3　本事例の場合に問題となるのは、未収利息の免除による損失の金額
　が、回収不能額に該当するものであるかどうかである。

　　未収利息の免除による損失の金額が回収不能額に該当するためには、
　次の要件を満たしていることが必要である〔所基通51−11(4)、64−1〕。

(1)　X社の債務超過の状態が相当期間継続し、未収利息の弁済を受け
　　ることができないと認められること

(2)　書面によりその免除を同社に通知したこと

4　本事例の未収利息を免除する時点において前記3の(1)の要件を満たし
　ているかどうかは、事実の認定に関する事柄であるが、X社が事業を
　継続している事実からみて、その判定については微妙な問題があるとい
　えよう。

　　本事例の未収利息の免除による損失の金額が回収不能額に該当すると
　して行った更正の請求が認められた場合には、これらの各年分の所得税

について減額更正が行われ、その減額更正により減少することとなった所得税額の還付を受けることができる。

　　しかし、その更正の請求について、税務署長から「更正をすべき理由がない」とする処分を受けた場合には、税務署長に対する異議申立て、国税不服審判所長に対する審査請求又は訴訟によりその処分が取り消されない限り、未収利息の免除による損失の金額は、甲の所得税の課税上なんら考慮されない。

5　平成23年以後の各年分の所得税についての更正の請求は、原則として、各年分の法定申告期限の翌日から5年以内に限り、行うことができる。ただし、法定申告期限の翌日から5年を経過している場合であっても、未収利息を免除した日の翌日から2月以内であれば、更正の請求をすることができる（通則法23①、平成23年改正法附則36①、所法152）。

Ⅲ　事実上の回収不能による更正の請求について

1　甲が未収利息を免除しない場合であっても、X社の資産状況、支払能力等からみてその未収利息の全額を回収することができないことが明らかである場合には、その事実上回収することができないと認められる未収利息の全額は、回収不能額に該当する（所基通51-12、64-1）。

2　甲が未収利息を免除した場合には、未収利息債権は法律上消滅するから、その免除を事由として行った更正の請求が認められない場合には、その免除を事由として再び更正の請求を行うことはできない。

　　これに対し、未収利息を免除せずに、X社の資産状況、支払能力等からみてその未収利息の全額を回収することができないことを事由として行った更正の請求が認められない場合には、未収利息債権は法律上消滅していないから、その後におけるX社の資産状況、支払能力等の更なる悪化を事由として、再び更正の請求をすることができる。

　　平成23年以後の各年分の所得税についての更正の請求は、法定申告期限の翌日から5年を経過していても、回収不能額が生じた日の翌日から2月以内であれば、いつでも行うことができるから、更正の請求が認められるまで何回でも更正の請求を行うことができる。

　3　本事例の未収利息については免除を行わずに、事実上の回収不能を事
　　由として更正の請求を行うことがベターであるといえる。

Ⅳ　その他
　甲が貸付金債権及び未収利息債権について債務の免除を行うに当たって
は、前述した甲の所得税の課税関係のほかに、債務の免除を行った場合に
おけるＸ社の法人税、Ｘ社の個人株主に対する贈与税及び甲に相続が開
始した場合の相続税の課税関係についても検討を行ったうえで、判断する
ことが必要である。

[2]

DES

Q5　DES の税務上の留意点／法人税法上の評価

DES について税務上の留意点、法人税法上の評価についてご教示ください。

Answer

　原則、課税実務では、「オーナー（社長）が会社に対し債権放棄する（会社にとっては債務免除）」と「役員給与減額⇒減額分で徐々に精算」を併用する方法が一般的です。

　しかし、一気に解消したい場合、DES や擬似 DES を選択します。ただし留意点はかなり多く存在します。

【解　説】

　役員借入金を法人税法上の時価に洗い替えます。この時
　・実態貸借対照表で実質資産超過（プラス）の場合は貸付金券面相当額、
　・実態貸借対照表で実質債務超過（マイナス）の場合は 0 評価
とするのが無難でしょう。

　とはいえ、統一見解があるわけでもないため、課税実務で判断基準となるものを下記に列挙します。

　実態貸借対照表での実質債務超過状態での法人税法上の時価については、

　⇒ 0 評価
　…課税実務上、これが一番安全策と思われます。
　⇒実務対応報告第 6 号　デット・エクイティ・スワップの実行時における債権者側の会計処理に関する実務上の取扱い
　…DCF 法（実務上）、税務でも許容される余地はあると思いますが、DCF 法が税理士の通常実務に遭遇しないため、適用事例は比較的少ないと思われます。

⇒適正評価手続に基づいて算定される債権及び不良債権担保不動産の価額の税務上の取扱いについて（法令解釈通達）

…国税庁が了承した DCF 法です。上記と同様、DCF 法が税理士の通常実務に遭遇しないため、適用事例は比較的少ないと思われます。

⇒企業再生税制適用場面において DES が行われた場合の債権等の評価に係る税務上の取扱いについて

…これも国税庁が了承した方法です。ただし、「時価」としか言及がないので、実務直結で利用できるものではありません。

　これら債権の「時価」に関しての判示がありますが、実務直結の類ではありません。

東京地方裁判所平成19年（行ウ）第758号　法人税更正処分取消請求事件
平成21年4月28日判決【DES による債務消滅益の益金算入／債権・債務の混同により生じた差額】（TAINZ コード　Z259-11191）

〔要点〕
　DES による債務消滅益は、法人税法上、益金に算入する必要があるとされた事例

　本件における納税者（原告・控訴人・上告人）は、関連会社からの債権の現物出資及び同社への新株発行による同社に対する債務の株式への転化（DES）について、資本等取引に該当するものと考え、債務消滅益を益金の額に算入しないで法人税の申告をしていましたが、課税庁より、当該債務消滅益は資本等取引には該当しないとして、益金の計上漏れがあると指摘されたものです。本件における争点は、DES は資本等取引に該当するかどうかです。

　この点、地裁は、DES は①会社債権者の債務者会社に対する債権の現

物出資、②混同による債権債務の消滅、③債務者会社の新株発行及び会社
債権者の新株の引受けという各段階があるが、これらの取引は資本等取引
に該当するとは認められないとして、納税者の主張を退けました。

　納税者は控訴しましたが、高裁も地裁判決を支持しました。なお、上告
は不受理決定がなされています。

〔判示事項〕

1　本件は、関連会社からの債権の現物出資及び同社への新株発行による同
　社に対する債務の株式への転化（DES）につき混同による債務消滅益の
　計上漏れがあるなどとして更正処分等を受けた原告会社がその取消しを求
　めたという事案である。

2　（省略）

3　法令上、DES を直接実現する制度について何らの規定が設けられてい
　ない以上、株式会社の債務を株式に転化するためには、既存の法制度を利
　用するほかなく、既存の法制度を利用する以上既存の法制度を規律する関
　係法令の適用を免れることはできない。

4　我が国の法制度の下において、DES は、①会社債権者の債務者会社に
　対する債権の現物出資、②混同による債権債務の消滅、③債務者会社の新
　株発行及び会社債権者の新株の引受けという各段階の過程を経る必要があ
　り、それぞれの段階において、各制度を規律する関係法令の規制を受ける
　こととなる。

5　原告は本件 DES は一の取引行為であり、全体として法人税法22条5項
　の資本等取引に該当する旨主張するが、株式会社の債務を株式に直接転換
　する制度が存在しない以上、本件 DES は、現行法制上、①本件現物出資
　による貸付債権の移転、②本件貸付債権とこれに対応する債務の混同によ
　る消滅、③本件新株発行及び新株引受けという複数の各段階の過程によっ
　て構成される複合的な行為であるから、これらをもって一の取引行為とみ
　ることはできない。

6　上記②の混同の過程においては、資本等の金額の増減は発生しないの

で、資本等取引に該当するとは認められないから、①ないし③の異なる過程を併せて全体を資本等取引に該当するものということはできず、いずれにしても、上記主張は理由がない。

7　原告が、本件自己株式の譲渡により得た利息債権の時価は、1億1202万2256円であると認められ、混同により消滅した利息債務3億2470万円から本件利息債権の取得価額1億1202万2256円を控除した残額である2億126万7744円につき、債務消滅益が生じたものと認めるのが相当であり、所得金額の計算上、これを益金の額に算入すべきものと解される。

8　（省略）

下記は判示の一部を抜粋したものです。

「そもそも債権の時価は、債務者の財務状況だけでなく、物的・人的担保の有無、利息の有無及び多寡、利息・元本の種別、返済期間、従前の支払状況等の諸要素を総合的に勘案して定まるものであり、」

当該判示自体は非常に興味深いので、ぜひ原文を確認していただきたいのですが、肝心の債権の「時価」概念に対する言及は上記に留まり、課税実務で直接利用できるものとはなっていません。

（参照）

ここでのDESは企業再生局面におけるDESについて言及しておりません。あくまで役員借入金の解消目的ですから、当該借入金の法人税法上の時価を考慮する場合、下記のような企業再生局面におけるDESに係る考え方と混同しないことが肝要です。類書の企業再生の一手法で紹介されるDESの法人税法上の時価を参照「できない」という意味です。

倒産の危機にない子会社に対して行ったDES〜寄附金の額に該当〜
（令03-03-02　非公開裁決　棄却　F0-2-1032）

　原処分庁が、審査請求人（請求人）が子会社であるB社に対して有していた債権を当該子会社に現物出資することによって生じた損失の額は、倒産の危機にない子会社に対する経済合理性のない過剰支援であるから寄附金の額に該当するなどとして、法人税等の更正処分等をしました。これに対し、請求人が、子会社は倒産の危機にあり、現物出資により生じた本件損失額は寄附金の額に該当しないなどとして、原処分の一部の取消しを求めた事案です。

　本件損失額が寄附金の額に該当するか否かが主な争点ですが、審判所は、次のように判断して、請求人の主張を棄却しました。

　債権放棄等が寄附金に該当しないといえるためには、当該債権放棄等がやむを得ず行われるものであること（必要性）と、合理的な再建計画に基づくものであること（相当性）の検討が必要であるというべきである。

　B社は、実質債務超過に陥ったものの、損益、資金繰り及び主要顧客との取引の各状況からみて、本件DESの実行時において、倒産の危機にあったとまでは認められないから、本件DESの必要性があったとはいえない。また、B社の再建計画に合理性があったことを基礎付けるものとはいえず、本件DESに相当性は認められない。したがって、本件DESにより供与した経済的利益の額である本件損失額は、寄附金の額に該当するというべきである。

Q6 債務超過の DES の仕訳

> 実態貸借対照表ベースで実質債務超過である場合の DES について仕訳をご教示ください。

Answer

下記のとおり仮に 0 評価とすると、債務額と 0 の差額が債務消滅益となります。これを申告書で調整します。

【解 説】

以下の数値はすべて仮値です。

1）会計処理及び税務申告書上の処理

　債務超過 DES の場合、税会不一致が生じます。会計処理及び税務申告書上の仕訳等を列挙します。当該仕訳は一貫して評価額説を採用しています（実務通説）。

① 債務超過 DES 対象会社において

　(イ) 会計処理

　　令和 5 年 3 月31日

　　借　入　金　15,000,000　／　資　本　金　32,500,000

　　借　入　金　30,000,000　／　資本準備金　32,500,000

　　借　入　金　20,000,000

　(ロ) 税務処理

　　別表四　加算・留保

　　債務消滅益計上もれ　65,000,000

　　別表五（一）

　　(増加項目) 資本金等の額　65,000,000

② 債権者側において（法人債権者がいた場合において）

　(イ) 会計処理

　　　令和5年3月31日

　　　有価証券　15,000,000　／　貸　付　金　15,000,000

　　㈹　税務処理

　　　別表四　減算・留保

　　　債権譲渡損　15,000,000

2）法人住民税均等割の資本金等の額の基準について

　　下記に従って計算します。

均等割の税率区分の基準となる「資本金等の額」チェックポイント

◇平成27年4月1日以後に開始する事業年度用◇

　このチェックポイントは、平成27年4月1日以後に開始する計算期間の均等割を申告する際に、資本金等の額について確認していただくことを目的としたものです。

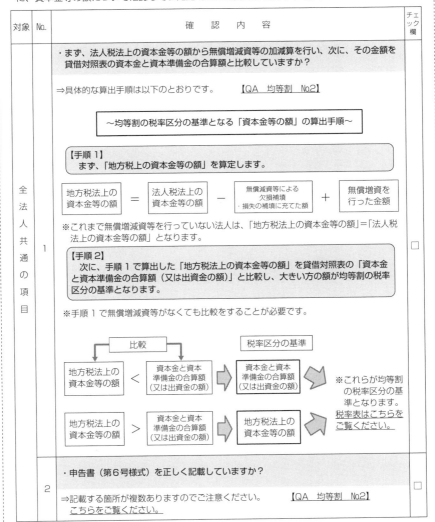

対象	No.	確認内容	チェック欄
全法人共通の項目	1	・まず、法人税法上の資本金等の額から無償増減資等の加減算を行い、次に、その金額を貸借対照表の資本金と資本準備金の合算金と比較していますか？ ⇒具体的な算出手順は以下のとおりです。　【QA　均等割　No.2】 ～均等割の税率区分の基準となる「資本金等の額」の算出手順～ 【手順1】 　まず、「地方税上の資本金等の額」を算定します。 地方税法上の資本金等の額 ＝ 法人税法上の資本金等の額 － 無償減資等による欠損補填・損失の補填に充てた額 ＋ 無償増資を行った金額 ※これまで無償増減資等を行っていない法人は、「地方税法上の資本金等の額」＝「法人税法上の資本金等の額」となります。 【手順2】 　次に、手順1で算出した「地方税法上の資本金等の額」を貸借対照表の「資本金と資本準備金の合算額（又は出資金の額）」と比較し、大きい方の額が均等割の税率区分の基準となります。 ※手順1で無償増減資等がなくても比較をすることが必要です。	□
	2	・申告書（第6号様式）を正しく記載していますか？ ⇒記載する箇所が複数ありますのでご注意ください。　【QA　均等割　No.2】 こちらをご覧ください。	□

これまで無償増減資等を行った法人は、以下の項目もチェックしてください。

対象	No.	確　認　内　容	チェック欄
無償減資等を行った法人の項目	3	・平成13年4月1日から平成18年4月30日までの間に行った減資等による資本の欠損塡補の金額を法人税法上の資本金等の額から減算する場合、欠損塡補の金額を超えて減算していませんか？ ⇒当該欠損塡補に充てた金額が上限となります。　【QA　均等割　No.4】	□
	4	・平成18年5月1日以後に損失の塡補に充てた金額を、法人税法上の資本金等の額から減算する場合、損失の塡補に充てた金額を超えて減算していませんか？ ⇒当該損失の塡補に充てた金額が上限となります。　【QA　均等割　No.4】	□
	5	・No.4による減算を行う場合、その損失の金額は、その他利益剰余金のマイナスの金額ですか？ ⇒損失とは、損失の塡補に充てた日における確定した決算書の、その他利益剰余金のマイナスの金額であり、繰越利益剰余金の金額とは異なる場合があります。　【QA　均等割　No.4】	□
	6	・その他資本剰余金による損失の塡補の金額を法人税法上の資本金等の額から減算する場合、損失の塡補に充てたその他資本剰余金は、1年以内に減資や準備金の減少により計上したものですか？ ⇒減算できる金額は、損失の塡補に充てた日以前1年間において資本金又は準備金を減少し、その他資本剰余金として計上したものに限られます。　【QA　均等割　No.4】	□
	7	・No.3又はNo.4による減算を行う場合は、その事実及び金額を証する書類を添付しましたか？ ⇒株主総会議事録、取締役会議事録、登記事項証明書、貸借対照表、株主資本等変動計算書、損失処理案（承認済みのもの）、損益計算書、債権者に対する異議申立の公告、官報の抜粋等の添付が必要です。　【QA　均等割　No.5】	□
	8	・被合併法人が合併前に資本の欠損塡補等に充てた金額を、法人税法上の資本金等の額から減算していませんか？ ⇒合併前に無償減資による資本の欠損塡補等を行った法人が被合併法人となる適格合併が行われた場合に、合併法人はその額を減算することはできません。　【QA　均等割　No.7】	□
無償増資を行った法人の項目	9	・無償増資（利益の資本組入れ）を行った場合、無償増資の金額を資本金等の額に加算していますか？ ⇒平成22年4月1日以後に利益準備金又はその他利益剰余金による無償増資を行った場合、当該増資相当額を法人税法上の資本金等の額に加算します。　【QA　均等割　No.9】	□

（出典：東京都主税局　https://www.tax.metro.tokyo.lg.jp/kazei/info/kintouwari-checkpoint.html）

　今回、実行後無償減資しても均等割の計算に影響を及ぼさないことになります。

　しかし実態貸借対照表で実質資産超過の場合、DES 実施後、無償減資すること（又は住民税均等割削減プランニング）することは効果的です。

　外形標準課税にも留意が必要です（外形適用法人のほうが税額が減少することもあるのでシミュレーションは必須。この点、令和5年度税制改正大綱も参照必要）。

（参照）

（令和5年度税制改正大綱　前文）

第一　令和5年度税制改正の基本的考え方等

⑶　外形標準課税のあり方

　　法人事業税の外形標準課税は、平成16年度に資本金1億円超の大法人を対象に導入され、平成27、28年度税制改正において、より広く負担を分かち合い、企業の稼ぐ力を高める法人税改革の一環として、所得割の税率引下げとあわせて、段階的に拡大されてきた。

　　外形標準課税の対象法人数は、資本金1億円以下への減資を中心とした要因により、導入時に比べて約3分の2まで減少している。また、持株会社化・分社化の際に、外形標準課税の対象範囲が実質的に縮小する事例も生じている。こうした事例の中には、損失処理等に充てるためではなく、財務会計上、単に資本金を資本剰余金へ項目間で振り替える減資を行っている事例も存在する。また、子会社の資本金を1億円以下に設定しつつ、親会社の信用力を背景に大規模な事業活動を行っている企業グループの事例もある。

　　こうした減資や組織再編による対象法人数の減少や対象範囲の縮小は、上記の法人税改革の趣旨や、地方税収の安定化・税負担の公平性といった制度導入の趣旨を損なうおそれがあり、外形標準課税の対象から外れている実質的に大規模な法人を対象に、制度的な見直しを検討する。

　　その上で、今後の外形標準課税の適用対象法人のあり方については、地域経済・企業経営への影響も踏まえながら引き続き慎重に検討を行う。

Q7　DESとみなし贈与の関係

> DESとみなし贈与の関係についてご教示ください。

Answer

　下記のように課税関係が生じる可能性もあります。

【解　説】

　DESにより取得した株式は財産評価基本通達により評価（時価純資産価額方式により評価）します。それと出資金額（貸付金）とを比較し株式の評価額が出資金額（貸付金）より超過した場合、その超過した部分の金額については増資前の出資者＝既存株主への株式含み益の移転となります。

　すなわち、この差額がみなし贈与の課税の対象になりえます。

　また、株式の評価額が出資金額（貸付金）に満たない場合のその満たない部分の金額については、新株の発行により利益移転しているため、みなし贈与課税となります（相法9、相基通9-4、評基通185）。

Q8　DES の実行「時期」

DES の実行「時期」に係る留意点をご教示ください。

Answer

　下記のような事案を筆者の周りで確認したことがあります。

【解　説】

　法人税基本通達 9 − 1 − 13⑴売買事例のあるもの、との規定は、課税実務上は、売買に限定されず、売買と近似の取引にも及びます。

　典型的なのは DES です。

　例えば、令和 5 年 6 月30日にオーナー（社長）貸付金につき DES を実行したとします。第三者割当増資になりますので、増資価額の税務上適正評価額は、法人税基本通達 4 − 1 − 6（9 − 1 − 14）又は時価純資産価額です。ここでは時価純資産価額を採用したと仮定します。

　このあと、令和 5 年11月30日にオーナー（社長）が死去したとします。オーナー（社長）死亡に係る相続税申告の株式評価額は相続税評価額（原則）です。

　しかし、その後の税務調査で「DES 実行時と死亡時が近い。相続税申告に適用される『その時の時価』とは DES 実行時の時価純資産価額である」と指摘された事例があります。

　根拠として、相続税法第22条及び、法人税基本通達 9 − 1 − 13⑴の売買実例価格も広く解釈し直近の取引価額に該当すること等が列挙されました。

　このケースは、結局、「このままオーナー貸付金があると相続税申告で額面評価になってしまう、今のうちに株式化して株価低減策を図ろう」と思っていた矢先に結果論としてこうなってしまったのです。

法人税基本通達9－1－13
（上場有価証券等以外の株式の価額）
　　上場有価証券等以外の株式につき法第33条第2項《資産の評価換えによる評価損の損金算入》の規定を適用する場合の当該株式の価額は、次の区分に応じ、次による。
⑴　売買実例のあるもの　当該事業年度終了の日前6月間において売買の行われたもののうち適正と認められるものの価額
⑵　公開途上にある株式（金融商品取引所が内閣総理大臣に対して株式の上場の届出を行うことを明らかにした日から上場の日の前日までのその株式）で、当該株式の上場に際して株式の公募又は売出し（以下9－1－13において「公募等」という。）が行われるもの（⑴に該当するものを除く。）　金融商品取引所の内規によって行われる入札により決定される入札後の公募等の価格等を参酌して通常取引されると認められる価額
⑶　売買実例のないものでその株式を発行する法人と事業の種類、規模、収益の状況等が類似する他の法人の株式の価額があるもの（⑵に該当するものを除く。）　当該価額に比準して推定した価額
⑷　⑴から⑶までに該当しないもの　当該事業年度終了の日又は同日に最も近い日におけるその株式の発行法人の事業年度終了の時における1株当たりの純資産価額等を参酌して通常取引されると認められる価額

　なお、当局に対する反論材料して下記の裁判例が用いられますが、前提条件が中小零細企業にあてはめることはできず、抗弁の材料としては弱いです。

（参考）

Z259－11273　東京地方裁判所平成19年（行ウ）第752号　法人税更正処分取消等請求事件　平成21年9月17日判決　【非上場株式の評価】

〔判示事項〕

1　本件は、原告 A が原告 B を合併法人とする被合併法人 B から譲り受けた D 株式の譲受価額（ 6 億7500万円）が、時価（52億0738万0321円）に比して低額であるとして、原告 A に対して、本件連結事業年度に係る法人税について、当該譲受価額と時価との差額を受贈益と認定する更正処分をし、原告 B に対しては、本件単体事業年度に係る法人税について寄附金の認定課税をした事例である。

　　D は、E 投資事業有限責任組合他の持分を有し、E 投資事業有限責任組合は、平成15年12月 8 日、W に上場した F 株式を保有している。

2　財産評価基本通達185の趣旨

3　評基通185が定める 1 株当たりの純資産価額の算定方式を法人税課税においてそのまま採用すると、相続税や贈与税との性質の違いにより課税上の弊害が生ずる場合には、これを解消するために修正を加えるべきであるところ、このような修正をした上で同通達所定の 1 株当たりの純資産価額の算定方式にのっとって算定された価額は、一般に通常の取引における当事者の合理的意思に合致するものとして、連基通 8 - 1 - 23(4)及び法基通 9 - 1 - 13(4)にいう「 1 株当たりの純資産価額等を参酌して通常取引されると認められる価額」に当たるというべきであり、そして、このように解される連基通 8 - 1 - 23(4)及び 8 - 1 - 24並びに法基通 9 - 1 - 13(4)及び 9 - 1 - 14の定めは、法人の収益、寄附金等の額を算定する前提として株式の価額を評価する場合においても合理性を有するものとして妥当するというべきである。

4　D 株式は、非上場株式であり、気配相場や独立当事者間の適当な売買実例がなく、その公開の途上になく、同社と事業の種類、規模、収益の状況等において類似する法人はなかったから、連基通 8 - 1 - 23(4)及び 8 - 1 - 24並びに法基通 9 - 1 - 13(4)及び 9 - 1 - 14に基づき、本件株式売買の日における D 株式の「 1 株当たりの純資産価額等を参酌して通常取引されると認められる価額」（時価）を評価した上、D 株式に係る本件株式売買に関する収益、寄附金等の額を算定することには合理性があるというべきである。

5　F株式は、本件株式売買が行われた平成15年11月25日当時、同年10月31
　日にWへの上場の承認を受けて同年12月8日にWへ上場すべく公募が行
　われていることから、公開途上にある株式で、当該株式の上場に際して株
　式の公募が行われるもの（連基通8−1−23(2)及び法基通9−1−13(2)）に
　該当する。

6　第三者割当と売買とは私法上の法的性質を本質的に異にするものであ
　り、第三者割当を巡る状況も相まって、第三者割当に係る株式の発行価格
　自体も割当て時点の当該株式の市場価値を反映するものとはいい難い上、
　税法上も全く異なる規律に服するものであることにかんがみると、連基通
　8−1−23(1)及び法基通9−1−13(1)の「売買実例」には第三者割当は含ま
　れないものと解するのが相当である。
　　　したがって、本件第三者割当に連基通8−1−23(1)及び法基通9−1−13
　(1)の適用があることを前提としてその発行価格である1株当たり30万円を
　もってF株式の価額と評価すべきであるとする原告らの主張は理由がな
　い。（※下線筆者）

7　原告らは、Dは、本件株式売買の時点において、平成16年4月1日に
　原告Aを連結親法人とする連結子法人となることが確実であり、その前
　日である同年3月31日時点で、時価評価資産の評価差額に対する法人税の
　納税義務が発生することが確定的であって、事業の継続性を前提としてい
　ないので、D株式の価額を評価するに当たっては、その資産の評価差額
　に対する法人税額等相当額を控除すべきである旨主張する。

8　原告らの上記主張は上記各通達に明文のない例外を創設するものであっ
　て、「事業の継続性の有無」という抽象的かつ曖昧な基準によって上記各
　通達に明文のない例外を創設することには、課税実務の安定的・公平な運
　用の観点から疑問がある上、評基通185が、1株当たりの純資産価額の算
　定に当たり法人税額等相当額を控除するものとしているのは、個人が財産
　を直接所有し、支配している場合と、個人が当該財産を会社を通じて間接
　的に所有し、支配している場合との評価の均衡を図るためであり、評価の
　対象となる会社が現実に解散されることを前提としていることによるもの
　ではないと解されることに照らすと、評価の対象となる会社の事業の継続

性の有無を基準として法人税額等相当額の控除の有無を決することには合
理性がないというべきである。

　判示で

　　「F 株式は、本件株式売買が行われた平成15年11月25日当時、同年10
　　月31日に W への上場の承認を受けて同年12月 8 日に W へ上場すべく
　　公募が行われていることから、公開途上にある株式で、当該株式の上
　　場に際して株式の公募が行われるもの（連基通 8－1－23(2)及び法基通 9
　　－1－13(2)）に該当」

との記載がありますが、このことから中小零細ではこの裁判例が直接使え
るものではないということがわかります。事案の規模が全く異なります。

Q9 DES 実行前の下準備／株主構成の確認

> その他 DES 実行前の下準備、株主構成の確認について留意点をご教示ください。

Answer

　株主構成が複雑な場合、株主構成を明確にする必要があります。

【解 説】

　株主名簿は真正なものであることを確認する必要があります。

　M&A 実行プロセスの中において法務デューデリジェンスの中で株式異動の変遷を確認しますが、それをできる範囲で行います。

（参照）

　法務デューデリジェンスでの株式異動変遷に係る雛形は下記です。そこで「○○を参照して作成しております。」という注意書きが必ず記載されています。それらについて納税者とのやりとりを全て記録します。可能な限り書証化します。

【株主概要（株式構成）】
○全株普通株式と全部履歴事項証明書より確認しております。
○譲渡制限有（承認機関取締役会）株券発行会社であると全部履歴事項証明書より確認しております。

【株主構成：○年○月末日現在】

氏名	続柄	住所	持株数	持株割合	議決権数	議決権割合
A	本人	○○	450株	75.00%	450個	75.00%
B	妻	○○	150株	25.00%	150個	25.00%
			600株	100%	600個	100%

（注１）全部履歴事項証明書、法人税申告書別表２確認しました。
（注２）平成17年10月１日取締役会議事録確認済みです。
（注３）上記取締役会で○○氏より譲渡済みです。
（注４）○年○月○日現在の株主名簿でA450株、B150株を確認済みです。
（注５）株主名簿と○年○月期法人税申告書別表２の株数の違いは、株主名簿に記載のない株式異動を確認しました。

上記内容を経理担当者へ確認したところ、A氏からB氏へ平成25年から３年間毎年10株の異動があると報告を受けました。

上記報告を受け、証拠書類としてB氏の贈与税申告書（H25.26.27）より確認しました。

つまり実態の持ち株割合はA氏420株、B氏180株（○年○月期段階）となっています。

【株主推移表】

	株主名								譲渡事由
	A	B	C	D	E	F	G	H	
S61.2.8	140	40	60	60	40	40	10	10	（注）設立時
S63.8.8	50			▲60			10		（注）60株を50株と10株へ譲渡
S63.8.8		20	20			▲40			（注）40株を20株と20株へ譲渡
S63.8.8	10							▲10	（注）10株へ譲渡
S63.12.31			20			▲20			（注）20株へ譲渡
H12.8.29	200								（注）新株発行1,000万円発行
H12.9.30				40	▲40				（注）相続により40株を譲り受け
H16.10.1	20	20	▲40						（注）40株を20株、20株へ譲渡
H16.12.27	20		▲20						（注）20株へ譲渡
H17.7.28		20	▲20						（注）20株へ譲渡
H17.9.30	10	30	▲40						（注）40株を10株、30へ株譲渡
H25.9.1	▲10	10							（注）10株へ譲渡
H26.9.1	▲10	10							（注）10株へ譲渡
H27.9.1	▲10	10							（注）10株へ譲渡
計	420株	180株	0	0	0	0	0	0	

【財務 DD 時点（○年月○日時点株主名簿】

A	420	22,000,000
B	180	8,000,000
計	600	30,000,000

（注）・対象会社事務所にある株主名簿より設立から H17.9.30 までの履歴を確認しました。
　　　・B 氏の贈与税申告書（平成25年、平成26年、平成27年）より左記 3 年間の株式異動を確認しました。なお、上記贈与に伴う契約書等は確認できていません。
　　　・対象会社の平成25年 9 月期、平成26年 9 月期、平成27年 9 月期の法人税申告書別表 2 を確認、結果、株主名簿の内容と不一致であることを確認しました。
　　　・上記内容は株主名簿と経理担当者からのヒアリングにより確認しました。

Q10　DES 実行前の下準備／役員借入金額の確認

その他 DES 実行前の下準備、役員借入金額の確認について留意点を
ご教示ください。

Answer

　これから金銭消費貸借契約書を作成する場合と、当時の金銭消費貸借契
約書がない、帳簿上の数値に根拠がない、といった事実がある場合とで順
に解説していきます。

【解 説】

1　オーナー（社長）と同族特殊関係法人間の金銭消費貸借契約に係る
エビデンス

　実務ではそもそも作成をしていないケースが多く見受けられます。しか
し、相続税申告や残余財産の分配、DES 等々、その実在性について検討
しなければならない事態に非常に多く遭遇します。下記の証拠について通
常の実務から作成することを意識する必要があります。

【金銭消費貸借契約：オーナー（社長）→法人（法人→オーナー（社長））】

取締役会議事録

（中略）

【議案】

第 1 号議案　金銭消費貸借契約締結の件（多額の借財（借入）の件）※

　議長は○○○○○○○○○○○○○○○○○○○資金が必要であり、○○○○との間で下記及び別紙の条件で、借入れを行いたい旨の提案を行い、その承認を求めたところ出席取締役全員異議なく承認可決した。

記

　借入日：　　　令和○年○○月○○日

　借入額：　　　金○○○○○○○○円

　返済日：　　　令和○年○○月○○日

　利息：　　　　年○％

　損害金：　　　年○％

　返済方法：　　別紙返済計画表を参照のこと

以上

※　オーナー（社長）貸付け（役員借入金）では証拠力が高まります。確定日付があるとなお望ましいです。

金銭消費貸借契約書

　貸主_____を甲、借主○○株式会社を乙とし、甲が乙に対し、乙の営業資金にあてるため、次の通り金銭消費貸借契約を締結した。※1

第1条　　甲は、乙に対し、金_____万円を以下の約定で貸付け、乙は、これを借受け、受領した。※2

第2条　乙は、甲に対し、前条の借入金_____万円を、令和___年___月から令和___年___月まで毎月___日限り、金_____万円を___回の分割で、甲に持参又は甲の指定する銀行口座に送金して支払う。ただし甲乙間の合意をもって1年分後払いも許容される。

第3条　本件貸金の利息は、前月支払い後の残金に対する年___パーセントの割合とし、乙は、毎月__日限り当月分を甲方に持参又は送金して支払う。ただし、甲乙間の合意を持って1年後後払いも許容される。※3

（以下略）

※1　上記と真逆であるオーナー（社長）が借りた分については、
　　・議事録は「できれば」あったほうがよいです。
　　・金銭消費貸借契約書の作成は必要です。
　　・元本返済のみならず利息の計上も必須です。

※2　利率の設定まで神経質になる必要はありません（パチンコ平和事件）。
　　元本：1年後1年分後払い（返済は必須）。

※3　利息：1年後1年分後払いでも問題ありません。
　　利率を考慮するなら適正な利率の決定として、
　　・平均調達金利
　　・無借金の場合、短期プライムレート以下の金額
　　になります。法人間と同様の設定で問題ありません。

（参考）オーナー借入金（会社貸付金）の利息決定方法の一手法

大阪高裁昭和47年（行コ）第42号　法人税額更正決定取消等請求控訴事件
（TAINS コード Z097－4169）

〔判決要旨〕

(1)　金銭（元本）は、企業内で利用されることによる生産力を有するものであるから、これを保有するものは、これについて生ずる通常の果実相当額の利益をも享受しているものといいうるところ、右金銭（元本）がこれを保有する企業の内部において利用されているかぎりにおいては、右果実相当額の利益は、右利用により高められた企業の全体の利益に包含されて独立の収益としては認識されないけれども、これを他人に貸付けた場合には、借主の方においてこれを利用しうる期間内における右果実相当額の利益を享受しうるに至るのであるから、ここに、貸主から借主への右利益の移転があったものと考えられる。営利法人が金銭（元本）を無利息の約定で他に貸付けた場合には、借主からこれと対価的意義を有するものと認められる経済的利益の供与を受けているか、あるいは、他に当該営利法人がこれを受けることなく右果実相当額の利益を手離すことを首肯するに足りる何らかの合理的な経済目的その他の事情が存する場合でないかぎり、当該貸付がなされる場合にその当事者間で通常ありうべき利率による金銭相当額の経済的利益か借主に移転したものとして顕在化したといいうるのであり、右利率による金銭相当額の経済的利益が無償で借主に提供されたものとしてこれが当該法人の収益として認識されることになるのである。

(2)　寄付金が法人の収益を生み出すのに必要な費用といえるかどうかは、きわめて判定の困難な問題である。もしそれが法人の事業に関連を有しない場合は、明白に利益処分の性質をもつと解すべきであろう。しかし、法人がその支出した寄付金について損金経理をした場合、そのうちどれだけが費用の性質をもち、どれだけが利益処分の性質をもつかを客観的に判定することか至難であるところから、法は、行政的の便宜及び公平の維持の観点から、一種のフィクションとして、統一的な損金算入限度額を設け、寄付

金のうち、その範囲内の金額は費用として損金算入を認め、それを超える部分の金額は損金に算入されないものとしている（法37条2項）。したがって、経済的利益の無償の供与等に当たることが肯定されれば、それが法37条5項かっこ内所定のものに該当しないかぎり、それが事業と関連を有し法人の収益を生み出すのに必要な費用といえる場合であっても、寄付金性を失うことはないというべきである。

(3)　本件親会社は、自社の一部門として販売部門を設置する方法もあったのにあえて子会社を設立したのであり、子会社は当然利息を支払わなければならない中小企業金融公庫からの融資を見込んで設立され、その速やかな独立自営の達成を目的として、親会社から子会社に対し本件無利息融資がなされ、子会社は、設立の当初から利息の支払ができないような資産状態であったとはいえないのに、親会社は、あえて利息の自己負担において本件無利息融資をしたのである。親会社は、本件無利息融資による利息相当額の利益と対価的意義を有するものと認められる経済的利益の供与を受けているとは到底認めがたく、また、営利法人である被控訴人が本件無利息融資により無償でその利息相当額の利益を手離すことを首肯させるに足る合理的理由も見出しがたい。従って、本件無利息融資に係る利息相当額の収益が生じ、その経済的利益の供与は、法人税法上寄付金に当る。

(4)　通常、金銭消費貸借において当該当事者間において利息の割合を定めるにあたっては、貸借の理由、貸主と借主との関係、貸主の貸付資金捻出の手段、借主の借金を必要とする度合等、種々の要素が働くものであるから、控訴人のいうように年10パーセントをもって直ちに当該無利息貸付に係る通常ありうべき利率であるとすることはできない。

　本件無利息融資に係る個別的な資金の手当は明らかでなく、親会社の利息負担額も明らかでない。このような場合、商事法定利率年6パーセントが2、3年定期預金利息の利率とも近似し妥当である。

上記判示中、「本件において寄付金とされる利息相当額については、(1)その融資、返済の出入り回数が多く、また、その金額が大小さまざまであるため、その融資額ごとに適正な利息相当額を計算することは複雑困難で

あるばかりではなく、その実益が少ないので、最も合理的な計算方法として、別表(1)記載の各月末現在における融資残額を合計した金額を12か月で除し、被控訴人の東洋化成に対する本件各係争事業年度中における各月末現在の平均融資残額を算出のうえ、(2)これに通常借入れに必要な利率と考えられる年10パーセントを乗じて、(3)本件第1事業年度の利息相当額を214万1,739円、本件第2事業年度の利息相当額を265万4,460円と算出した、と説明する」とあり、毎月末の貸付金残高が変動している場合、

(STEP 1)　毎月末の残高を算定し、1事業年度分（12か月分）を合算

(STEP 2)　合算したものを12月で割る。当該金額（平均残高）に利率を乗ずる

という方法も認められます。有利なほうを選択すべきです。

　下記は企業再生局面についてであり、補論として記載します（p.35参照）。

　同族法人間での合理的な再建計画に基づく無利息貸付の場合、子法人がいかなる事業計画（将来キャッシュフロー計算書の整理）をしているかを疎明する必要があります。具体的には子法人において事業計画書のベスト、ニュートラル、ワーストのそれぞれのシナリオを用意し、

　・支援した場合、ワーストシナリオでも子法人は再生できる

　・支援しない場合、ベストシナリオでも子法人は自力再生できない

ことを明確にします。

　上記を踏まえると下記のような雛形が考えられます（法基通9-4-1）。

稟議書（子会社（関連会社）財務健全化計画）

令和●年●月●日

　下記の件につき、ご承認いただきたい。

1．当社と●社の関係について

　当社と子会社●社の間には完全支配関係

　　（※●％支配関係、●％議決権等々内訳明記）

2．●社の財政状態等

　　●社

　　（※過去5年程度〜当社において損金計上するまでの間1年ごと、について下記を表にする。）

　　　・借入金

　　　・純資産価額

　　　・EBITDA　等々

3．●社に対して損失負担を行う「相当な理由」

　　当社の収益性は、●社の影響により、大幅に悪化していることは明らかである。

　　当社は、収益性を改善させるため、●社に対し一時的に多額の損失負担をすることにより●●部門から撤退することによって、将来、当社で生じ得る可能性がある、より大きな損失の負担を回避することができると見込まれる。

　　さらに、当社は、●●部門から撤退するに際して、●社の財政状態を改善した上、●社への売却（M&A）を実行することのほうが、●社を解散・清算するよりも、当社の損失負担額が少なくなることが明らかとなっている。（※別途検証エビデンスが必要のため、カットも可能）。

　　したがって、●社の将来の売却（M&A）を志向するにあたり、●社に対する貸付債権残額●億円の債権放棄をして損失負担を行うこととする。

具体的には、当社は、当期末（令和●年●月期）に、●社に対する貸付債権●億円を子会社に対する損失負担として損金処理する。

　そうすることで、●社の財政状態を改善する。

　そして、翌期末（令和●年●月期）までにおいて、●社についてその全株式を売却することとする。

　この方策は、経済合理性のある経営戦略上、最善である。

　この点につき、当社が今回の子会社整理に伴う●億円の損失負担を行うことに相当な理由があるといえる。[1]

※1　ここで、

「子法人において事業計画書のベスト、ニュートラル、ワーストのそれぞれのシナリオを用意し、

　　・支援した場合、ワーストシナリオでも子法人は再生できる

　　・支援しない場合、ベストシナリオでも子法人は自力再生できないこと」

を意識している事業計画書、将来キャッシュフロー計算書を記載します。

取締役会議事録

議案　●社に対する損失負担の決議

　当社の収益性は、●社の存在が原因で大幅に悪化しており、当社は、収益性を改善させるために、●社に対して一時的に多額の損失負担をして●●部門から撤退することで、将来的に当社で生じ得る可能性のある、より大きな損失の負担を回避することができる。

　さらに、当社は、●●部門から撤退するに際して、●社の財政状態を改善した上で売却したほうが、●社を解散・清算するよりも、当社の損失負担額が少ないことが明らかとなったことから、●社に対する貸付債権残額●億円について債権放棄による損失負担を行う。

　具体的な手続は、稟議書（（子会社財務健全化計画）「３子会社に対して損失負担を行う相当な理由」）のとおりであり、●社に対して損失負担をすることには相当な理由がある。

　これらを踏まえ、●社に対して損失負担を実行することについて決議を行う。[1]

※１　上記のとおり、ここでも、
　　「子法人において事業計画書のベスト、ニュートラル、ワーストのそれぞれのシナリオを用意し、
　　　・支援した場合、ワーストシナリオでも子法人は再生できる
　　　・支援しない場合、ベストシナリオでも子法人は自力再生できないこと」
　　を意識している事業計画書、将来キャッシュフロー計算書を記載します。

　なお、上述までの法人間に係る論点については、グループ法人税制適用下では、特段留意しないこともあります。

2 DES 実行時に係るエビデンス

　DES 時点で法人借入金の実在性を担保するため、別途契約書を残すことがあります。しかし、必須のものではありません。実務でも実働する司法書士によって対応がさまざまであったりします。

　下記のように DES 実行前に債務の実在性を確認する契約書を作成することもあります。

債務承認契約書[2]

●●●●（以下、「甲」という。）及び●●●●（以下、「乙」という。）は、乙の甲に対する借入金について、本日、以下のとおり確認合意した。

2　（参照）印紙と契約書に係る諸論点
　永井徳人・他『契約書に活かす税務のポイント―比べて分かる 基本とスキーム選択・条文表現』中央経済社（2016）該当箇所を適宜参照しています。
　○契約金額変更
　　・増減額の記載…増額の場合、それに応じて印紙税決定、減額の場合、印紙税の課税文書に非該当
　　・増減額が記載内容から算出できる場合…上記と同じ取扱い
　　・契約後の金額のみわかる場合…契約後の金額で印紙税決定
　　すなわち、増減額（差額）で判定した方が印紙税は安く済むので有利です。
　○消費税の記載
　　下記では実務で OK なものには文頭に OK を付しています。
　　・内税、外税記載なし…税込金額で決定
　　OK・外税で消費税額の記載なし…税抜価格で判定
　　OK・内税で消費税額の記載あり…税抜価格で決定
　　OK・内税・外税の金額併記…税抜価格で決定
　　・内税で消費税率記載あり…税込価格で決定
　　・内税で消費税額の記載なし…税込価格で決定
　○課税事項と不課税事項の混在
　　・代金内訳あり…当該内訳に応じて判定
　　・代金内訳なし…契約金額全体に応じて判定
　○複数の課税事項を含む場合
　　・2つ以上の課税事項含む契約書はいずれか1つにより判定
　　　…それぞれの契約金額を比較し最も大きい契約に係る金額で判定
　　・内訳ない場合
　　　…契約金額全体で判定
　○契約書の原本とコピー
　　契約書原本は2通作成せず、1つをコピーとすれば印紙税の節税になります。

　第1条（債務の確認）甲及び乙は、令和●年●月末日現在、乙が甲に対して、金銭消費貸借契約に基づく借入金債務として、金●円の債務を負っていることを確認する。

　以上のとおり、確認合意が成立したので本契約書を2通作成し、各自押印の上、各1通を所持することとする。

　令和　年　月　日

甲）住所

氏名　　　　　印

乙）住所

氏名　　　　　印

　仮にこの契約書を作成した場合、DES 実行時の文言が多少変わります。

臨時株主総会議事録

（中略）

第1号議案　募集株式発行の件

　議長は、下記により募集株式を発行したい旨を述べ、その理由を詳細に説明し、その賛否を議場にはかったところ、満場一致をもって承認可決した。

（中略）

6　現物出資に関する事項

　　新株につき、現物出資をする者の氏名、出資、出資の目的たる財産、その価格及びこれに対し与える株式は、下記の通りである。

　現物出資の目的たる財産及び価格

　　<u>債権者●●●●と債務者株式会社●●との間における令和●年●月●日付債務承認契約に基づく金銭債権</u>（※下線筆者）

　　債権金額●●円の内訳は下記の通りである。

　　債権内容　貸付金　　●●万円

　　金額　　●●円

　　この価額　　●●円

　　現物出資をする者の氏名　　●●●●

　　上記に対して与える株式　普通株式　　●●株

（以下略）

3　オーナー（社長）貸付金のうち原始証拠がない場合の証拠保全の方法

　法人でのオーナー（社長）借入金の実在性を担保するため、別途債務承認契約書を残すことがあります。いつの時点での残高で債務承認するのかが実務上問題になります。

　弁護士等によって見解がかなり異なりますが、租税実務の観点からする

と、

　　・保守的に残高を設定したい場合、最大値の残高を使う

　　・時効を主張するのであれば、時効以降で最大値の残高を使う

にせざるをえません。そして保守的な方を採用すべきです。

　オーナー（社長）貸付金（会社では役員借入金）については、契約書の作成は必須です。これは、そもそもが金銭消費貸借であったか、贈与に当たるのか否かの判断における出発点になるからです。金銭消費貸借の契約が仮にない、という場合、

　　・通帳間での実際の資金移動（ただし、定期的に返済している事実が確認
　　　できていることが必須、返済の事実が長期にわたりない場合、贈与認定）

　　・帳簿記入（勘定科目内訳書作成も含めて）

という間接証拠の積み重ねが必要となります。オーナー法人では帳簿記入はほとんど疎明としては意味がないため（帳簿の記入に恣意性を介入できるから）、通帳間の移動のほうが疎明力は強いです。しかし、いずれにせよ原始契約書がない場合、金銭消費貸借か贈与かに係る事実認定は必ずなされます。

　なお、原始契約書がない場合、時効も原則として成立しません。これも事実認定に着地しますが、例えば契約書がない状態で、上記「・」については整理完備されていたとしても、いわゆる時効の起算点が明確にはなりません（通帳間の移動年月日で主張し得るかどうかは事実認定の問題です）。

　仮に時効論点の主張をしたいのなら、かなり保守的な手法ですが、前述の債務承認契約書を作成することで当事者間の意思の合致を証明し、起算点を明確にすることができます。より詳細を研究したい方は最判昭和56年6月30日判タ447号76頁をご参照ください。なお、上記の時効については、除斥期間の論点についても、ほぼ同様の問題が生じえます（法律上定められた権利行使の期間制限ですが、権利が存在しているか？　がわからないため）。

（参照）

最高裁判所第3小法廷判決／昭和55年（オ）第1186号（昭和56年6月30日）

【判示事項】

　株式会社の代表取締役が会社の自己に対する貸付金を記載した決算報告書を作成して会社に提出した場合と右貸付金債務の承認

【判決要旨】

　株式会社の代表取締役が、会社の自己に対する貸付金を記載した決算報告書の作成に関与し、決算内容を承知して会社に提出し、その際に個人としてもとくに異議を留保した事跡がないときは、右決算報告書に記載された自己の債務を承認したものと解するのが相当である。

【参照条文】

民法147

【掲載誌】

最高裁判所裁判集民事133号217頁

判例タイムズ447号76頁

金融・商事判例628号3頁

判例時報1011号52頁

【評釈論文】

ジュリスト817号87頁

判例タイムズ472号201頁

主　　　文

　本件上告を棄却する。

　上告費用は上告人の負担とする。

理　　　由

上告代理人阪本紀康の上告理由第一点について

　所論の利息額に関する原審の認定判断は、計数上正当であると認められ、その過程に所論の違法はない。論旨は、採用することができない。

同第二点について

　原審の適法に確定したところによれば、上告人の被相続人である大谷米太郎は、大谷重工業株式会社の代表取締役として、右会社の自己に対する貸付金を記載した決算報告書の作成に関与し、決算内容を承知してこれを会社に提出したもので、その際に個人としてもとくに異議を留保した事跡はない、というのであるから、右事実関係のもとでは、大谷米太郎は決算報告書に記載された自己の債務の存在を承認したものと解するのが相当であり、これと同旨の原審の判断は正当として是認することができる。原判決に所論の違法はなく、論旨は採用することができない。

　よつて、民訴法四〇一条、九五条、八九条に従い、裁判官全員一致の意見で、主文のとおり判決する。

上告代理人阪本紀康の上告理由

　〈前略〉

　第二点　　原判決は大谷重工業の第二八期決算報告書に米太郎に対する貸付金及び未収利息の記載があること、米太郎は大谷重工業の代表取締役として右決算報告書の作成に関与し、その内容を承知してこれを会社に提出したものであること、個人として特に異議を留めていないことを各認定し、以上の事実から米太郎の会社に対する債務承認行為があつた旨認定している。

　右事実認定の当否については上告審である当審で争うべきもないことは自明であるが、これら認定事実の下で作成されたとする株式会社の決算報告書が果して民法第一四七条所定の時効中断事由にいわゆる債務承認としての法的評価をうけるに値するものであるか否かは正に法律解釈の問題であり、その評価に誤りがあつたならば、これは判決に影響を及ぼすこと明らかなる法令違背といわざるをえない。

　債務の承認とは債務者から債権者に対してなされる観念の通知であり、本件に則していえば、債務者である米太郎個人から債権者である大谷重工業に対してなされるべきものである。

　従つて、原判決が認定した前記各事実が果して右にいう債務承認行為といえるかが吟味されなければならない。

　原審判決が債務承認行為と評価しうるとして認定した前記各事実をみると、一応大谷重工業の第二八期決算手続の全般を問題とし、その中に米太郎個人の債務承認行為があつたと判断したようである。

　しかしながら、右認定事実中、あるものは債務承認と評価するには無意味な事実であり、又あるものは決算手続を厳格に把握していないことから生じた不正確な事実といわざるをえない。

　認定事実中、問題の一は米太郎が代表取締役として決算報告書を会社に提出したとする箇所である。

　周知のとおり、決算手続は会社の業務に関する報告的機能を有するものであり、まず代表取締役が作案し、これを取締役会の議を経て確定したのち、監査役の調査を経てその意見を徴したうえ、株主総会に提出してその承認をうけるものであるが、右手続中には決算報告書を会社に提出する手続は法律上予想されていない。

　いま、原審判決が会社と表現したことを株主総会の意であるとすれば、株主総会はあくまで会社の一機関にすぎず、債務の承認をうけうる機能を備えた機関などではない。

　当然ながら、会社が債務の承認をうけたと評価するためには、会社の代表権限を有するもの、又はその者から特に授権されたものが行為をうけうる唯一の相手方たる資格を有するのであり、当時の大谷重工業にあつては、単独で代表権を有していた代表取締役としての米太郎一人である。

　しかるに、前述したように決算手続においては、代表取締役が関与するのは決算書類の作案と取締役会及び監査役に対する提出、その後、会社を代表して株主総会へ報告のため提出することの限りであり、会社を代表して他から決算書類を受領する手続はない。

　決算書類の作案以降は右からも判るとおり、代表取締役に向けられた行為など存在しないのである。

　しからば、果して代表取締役が決算書類を作案する際、債務者から何らかの形で債務の承認をうける手続が予想されるであろうか。

　この点について、原審判決は米太郎は個人としても異議を留保した事跡がないとの事実を他に併せ認定していることが問題となるが、本来決算書類は

計理帳簿の記載を集計して作案されるもので、そこに他に対する債権の記載があれば、そのまま一定の形式に従い転記されるにすぎない。

作案の都度、当該債務者に対し、異議を促す手続など保障されていないのである。

すると原審判決の右部分の認定は、もともと保障されていない手続をもとになされたものであり、本来かかる手続が保障されていながら敢えて異議を留めなかつた場合に一般に付与され、見出しうる積極的意味合はどこにもないのである。

仮に本件の債務者が米太郎以外の第三者であれば、原審判決が認定した如き諸事実を以つてしては到底債務承認行為があつたと評価されることなどないのである。

代表取締役が作案した決算書類に第三者に対する債権の記載があつても、決算の都度、債務者のために異議を留める手続が保障されず、従つて第三者が敢えて異議を留めていなくとも、これらを以つては決して債務の承認があつたなどと評価されるはずはないのである。

本件ではたまたま、債務者米太郎が同時に債権者会社の代表取締役を兼ねていたという特異な事情があり、このことが原審をして決算手続の中で何らかの債務承認と評価すべき事実があつたのではないかと誤認せしめた理由であると推測されるが、しかしながら、会社の代表機関である代表取締役と個人とは当該行為をする立場によりいずれの行為であるかが峻別されなければならず、仮にこれが混同されたとしたら、すでに法人格理論は成り立たないのである。

会社の決算手続において、米太郎が関与し得たのはあくまで代表取締役としてであり、個人としてではない。

代表取締役の行為は会社の行為と評価され、個人の行為はどこまでも個人の行為でしかないのであり、そのために代表取締役を通じて会社の行為と評価されるためには、顕名主義に基く一定の形式が要求されるのである。

繰り返すが、会社の決算手続は会社の一機関としての株主総会に向けられた会社、即ち代表取締役との行為であり、そこには個人の行為等介入する余地はないのである。

　以上述べたことから判るとおり、そもそも一般に決算手続の中に債務承認
行為を認めることはできないのであり、本件の場合もたまたま、右に述べた
如き特殊事情があつても、原審判決が認定したような大谷重工業の第28期決
算手続中に、米太郎の個人としての債務承認行為と評価すべき事実を思い出
すことは到底できないものといわざるを得ないのである。

　以上、いずれの論点よりするも原判決は違法であり、破棄されるべきであ
る。

（参照）

　処分証書を「その契約書等々通りでない」と認定するためには「契約書
等に記載されている契約内容に経済的合理性がないと認められたとして
も、そのことのみをもって課税した場合、訴訟上、その契約書等の信用力
を覆すことは難しいと思われます。処分証書を否定する場合には、①処分
証書と異なる合意が存在する、②ものの流れや金の流れが契約書のとおり
になっていないなど契約書の内容が実態とは異なるなどの証拠を積み重ね
て、特段の事情を主張・立証する必要があります。」とあるように実態と
の乖離について事実認定に着地すると判断しています。

　次の国税情報が参考になります。

○その他行政文書　調査に生かす判決情報020
情報　調査に生かす判決情報 issued；020　平成21年 6 月　他人名義財産の
帰属の判断基準－財産の名義人がその財産を管理運用していたとしても、そ
の財産が名義人に帰属するとは限らない－東京地裁平成20年10月17日判決
（国側勝訴・相手側控訴）東京高裁平成21年 4 月16日判決（国側勝訴・確定）

（調査に役立つ基礎知識）
　（中略）
1　供述の信用性
　　実務では、課税に必要な契約書、領収書、通帳やメモ等の物的証拠が十

分ではないケースが多く、調査担当者が、納税者はもちろん取引先や従業員あるいは家族などの関係者からの供述等（人的証拠）によって、数少ない物的証拠をつなぎ合わせて課税要件事実を組み立て、課税しているケースが少なくない（※下線筆者）と思われます。

　このように、人的証拠である供述（供述証拠）は、時間的に見れば点と点である物的証拠を一連の行為等として結びつけるものであり、重要な証拠といえます。

　しかしながら、訴訟上、人的証拠は、一般的に、物的証拠に比べて証拠価値が低いといわれています。なぜなら、人は、思いこみがあったり、間違えたり、忘れたりあるいは嘘をついたりする場合があり、物的証拠に比べその内容が事実と相違している可能性が高いからです。

　したがって、訴訟上、供述証拠にどれだけの信用性があるか、すなわち、「証拠に裏付けられた供述」となっているかどうかは非常に重要なわけですが、その信用性を評価するポイントは、次のとおりといわれています。

(1)　その供述が一貫・安定しているか、変遷・動揺しているか。供述が変遷している場合には、その変遷に合理的理由があるか。（※下線筆者）

　　（例）　Ａの証言は、調査段階から一貫しており、反対尋問によっても崩れていないから、信用性が高い。

(2)　その供述が客観的な事実と合致しているか、矛盾しているか。（※下線筆者）

　　（例）　調査担当者に対するＡの供述は、……という事実があることからすると、客観的証拠による裏付けがあり信用できる。

(3)　その供述が他の供述証拠と符合しているか。（※下線筆者）

　　（例）　銀行員Ａ、Ｂ及びＣの供述は客の特徴について概ね符合し、相互にその信用性を補強している。

　　※　Ａ、Ｂ及びＣの供述は一致するが、Ｄの供述は一致しない場合、一致する３名のみの供述のみを採用するのではなく、Ｄの供述の信用できない理由をよく書く必要がある。

(4)　その供述が具体的、詳細、自然、合理的であるか。その供述に迫真

性、臨場感があるか。（※下線筆者）

　（例）　Aの供述は、具体的かつ詳細で、臨場感が認められるから、信用性が高い。

⑸　その供述の根拠はなにか。（※下線筆者）

　（例）　Aは、その供述内容について・・・と具体的根拠を挙げており、信用に値する。

⑹　供述者の立場はどうか、嘘をついたり、隠したりする動機があるか。（※下線筆者）

　（例）　Aは、たまたま目撃した第三者であり、原告と何らの利害関係を有しないのであるから、Aの供述は信用できる。

　これらのポイントに基づいた関係者からの聴取り等は、訴訟だけでなく、調査においても納税者を納得させる有効なものといえますし、場合によっては、今後の調査の展開に有効なものとなることも考えられますので、常に、このポイントを念頭においた聴取り等を行うことは重要です。

2　「処分証書」の信用力

　実務上、課税の可否については、調査によって収集した資料等（証拠）を基に判断することになりますが、一口に証拠といっても、上記1で述べたとおり、契約書や帳簿、さらには領収書やメモなどの物的証拠と納税者あるいは関係者の供述や証言などの人的証拠がありますが、この中で物的証拠である「処分証書」は信用性の高い証拠とされています。

　調査担当者が、訴訟上、処分証書がどのように取り扱われているかを覚えておくことは、課税の可否を判断する上でも非常に役に立つと思いますので、その概要を説明します。

　「処分証書」とは、契約書、遺言書、手形など当事者の意思表示が法律行為（法律上の効果を生じさせる行為であり、例えば、売買や賃貸借の契約がある。）として記載されたものであり、訴訟上、特段の事情がない限り、処分証書に記載された内容のとおりの取引等がされたと認められます。（※下線筆者）

　なぜ、特段の事情がない限り、処分証書に記載された内容のとおりの取引等が認定されるかといいますと、例えば、契約書を取り交わすというこ

とは、相手方と取引等をするに当たり、後日紛争が生じないようにするために、あるいは、損害等が生じたときに責任の所在や限度を明らかにするために作成されるものであり、契約書には、契約当事者が合意した内容を明記しているからです。

　したがって、調査段階において、契約書等に記載されている契約内容に経済的合理性がないと認められたとしても、そのことのみをもって課税した場合、訴訟上、その契約書等の信用力を覆すことは難しいと思われます。処分証書を否定する場合には、①処分証書と異なる合意が存在する、②ものの流れや金の流れが契約書のとおりになっていないなど契約書の内容が実態とは異なるなどの証拠を積み重ねて、特段の事情を主張・立証する必要があります（※下線筆者）[1]ので、これらの点についても調査し、それに基づいて課税の可否を判断して頂きたいと思います。

※1　契約書が真正である限り、当該契約書の取引行為自体を否認することは当局も困難であると認識しています。だからこそはじめに契約書がなければ、事実認定で争う土台に立てない、といえるわけです。特に同族特殊関係者間（法人、個人問わず）では必須です。原則として、いかなる取引においても必要となります。

（参考）

▶DES実行時の各種雛形例

　株主割当増資の場合の場合は、通常の増資の雛形を基本的に揃えます。これに関しては多くの類書に記載がありますのでそちらを参考にしてください。

　下記では、DESの当事者が（従来）株主でない場合における第三者割当増資について取り上げます。

【雛形1　書面決議の同意書】

同　意　書

株式会社●●●●●

代表取締役　●●●●　様

　当社は、会社法第319条1項の規定に基づき、株主総会決議事項である下記事項について同意いたします。

記

　第1号議案　定款一部変更の件

　　当会社の発行可能株式総数を変更するため、令和5年3月●日から定款の一部を下記変更後のとおり変更することにつき承認する。

記

　【変更前】

　（発行可能株式総数）

　第5条　当会社の発行可能株式総数は、●●株とする。

　【変更後】

　第5条　当会社の発行可能株式総数は、●●株とする。

以上

　第2号議案　募集株式発行の件

　　下記のとおり、募集株式の発行を行うことにつき承認する。

記

（1）　募集株式の種類及び数

　　　普通株式●株

（2）　募集株式の割当方法

　　　以下の者に対する第三者割当とする。

　　　●●●●株式会社

　　　●●●●

　　●●●●
(3)　払込金額
　　1 株につき●円
(4)　出資の目的である財産の内容及び価格
　　●●●●株式会社への割当：同社の株式会社●●●●●に対する令
　　　　　　　　　　　　　　　和●年●月●日付け金銭消費貸借契約
　　　　　　　　　　　　　　　に基づく貸金元本債権●●万円
　　●●●●への割当：同人の株式会社●●●●●に対する令和●年●
　　　　　　　　　　　月●日付け金銭消費貸借契約に基づく貸金元本
　　　　　　　　　　　債権●●万円
　　●●●●への割当：同人の株式会社●●●●●に対する令和●年●
　　　　　　　　　　　月●日付け金銭消費貸借契約に基づく貸金元本
　　　　　　　　　　　債権●●万円のうち●万円
(5)　給付の期日
　　令和 5 年 3 月●日
(6)　増加する資本金及び資本準備金
　　増加する資本金：1 株につき●円
　　増加する資本準備金：1 株につき●円

　　　　　　　　　　　　　　　　　　　　　　　　　　　　　　以上

第 3 号議案　募集株式割当ての件
　　第 2 号議案にて承認可決された「募集株式発行の件」に関しての割当
事項を下記のとおりとすることにつき承認する。
　　　　　　　　　　　　　　　記
(1)　募集株式の種類及び数
　　普通株式●株
(2)　募集株式の割当方法
　　第三者割当とし、発行する募集株式を次の者に与える。
　　●●●●株式会社　普通株式●株
　　●●●●　　　　　　　普通株式●株

　●●●●　　　　　普通株式●株

(3)　条件

　上記第三者から申込みがなされたことを条件とする。

以上

令和5年3月●日

所在地　東京都●●区●●●　●－●

会社名　株式会社●●●●

【雛形2　（臨時）株主総会議事録】

臨時株主総会議事録（書面決議）

1　株主総会の決議があったものとみなされた事項の提案者

　　代表取締役　●●●●

2　株主総会の決議があったものとみなされた事項の内容

　第1号議案　定款一部変更の件

　　当会社の発行可能株式総数を変更するため、令和5年3月●日から定款
　　の一部を下記変更後のとおり変更することにつき承認する。

記

　　【変更前】

　　（発行可能株式総数）

　　第5条　当会社の発行可能株式総数は、●●株とする。

　　【変更後】

　　第5条　当会社の発行可能株式総数は、●●株とする。

以上

　第2号議案　募集株式発行の件

　　下記のとおり、募集株式の発行を行うことにつき承認する。

記

　(1)　募集株式の種類及び数

　　　普通株式●株

　(2)　募集株式の割当方法

　　　以下の者に対する第三者割当とする。

　　　●●●●株式会社

　　　●●●●

　　　●●●●

(3)　払込金額

　　1株につき●円

(4)　出資の目的である財産の内容及び価格

　　●●●●株式会社への割当：同社の株式会社●●●●●に対する令

　　　　　　　　　　　　　　　和●年●月●日付け金銭消費貸借契約

　　　　　　　　　　　　　　　に基づく貸金元本債権●●万円

　　●●●●への割当：同人の株式会社●●●●●に対する令和●年●

　　　　　　　　　　　月●日付け金銭消費貸借契約に基づく貸金元本

　　　　　　　　　　　債権●●万円

　　●●●●への割当：同人の株式会社●●●●●に対する令和●年●

　　　　　　　　　　　月●日付け金銭消費貸借契約に基づく貸金元本

　　　　　　　　　　　債権●●万円のうち●万円

(5)　給付の期日

　　令和5年3月●日

(6)　増加する資本金及び資本準備金

　　増加する資本金：1株につき●円

　　増加する資本準備金：1株につき●円

以上

第3号議案　募集株式割当ての件

　　第2号議案にて承認可決された「募集株式発行の件」に関しての割当

事項を下記のとおりとすることにつき承認する。

記

(1)　募集株式の種類及び数

　　普通株式●株

(2)　募集株式の割当方法

　　第三者割当とし、発行する募集株式を次の者に与える。

　　●●●●株式会社　普通株式●株

　　●●●●　　　　　普通株式●株

　　●●●●　　　　　普通株式●株

　(3)　条件
　　　　上記第三者から申込みがなされたことを条件とする。

以上

3　株主総会の決議があったものとみなされた日
　　令和 5 年 3 月●日

　以上のとおり、会社法第319条第 1 項に基づき、株主総会の決議があった
ものとみなされたので、この議事録を作成し、議事録作成者が記名押印す
る。

　令和 5 年 3 月●日

議事録作成担当　代表取締役　●●●●

【雛形3　募集事項兼割当通知書】

令和5年3月●日

●●●●様

　　　　　　　　　●●県●●市●●区●●●●　●－●
　　　　　　　　　　　　　　　　株式会社●●●●●
　　　　　　　　　　代表取締役社長　●●●●

募集事項兼割当のご通知

拝啓　ますますご清栄のこととお慶び申し上げます。
　さて、当社は、令和5年3月●日付けの臨時株主総会において、下記のとおり、貴殿に対して募集株式を発行すること及び割当について決議いたしましたので、ご通知申し上げます。

敬具

記

1　募集事項のご通知
　(1)　株式会社の商号　　　　　　　株式会社●●●●●
　(2)　募集株式の種類及び数　　　　普通株式●株
　(3)　募集株式の割当方法
　　　　以下の者に対する第三者割当とする。
　　　　●●●●株式会社
　　　　●●●●
　　　　●●●●
　(4)　払込金額
　　　　1株につき金●円
　(5)　出資の目的である財産の内容及び価格
　　　　●●●●株式会社への割当：同社の株式会社●●●●●に対する令
　　　　　　　　　　　　　　　　　和●年●月●日付け金銭消費貸借契約
　　　　　　　　　　　　　　　　　に基づく貸金元本債権●●万円

　　　●●●●への割当：同人の株式会社●●●●●に対する令和●年●
　　　　　　　　　　　　月●日付け金銭消費貸借契約に基づく貸金元本
　　　　　　　　　　　　債権●●万円

　　　●●●●への割当：同人の株式会社●●●●●に対する令和●年●
　　　　　　　　　　　　月●日付け金銭消費貸借契約に基づく貸金元本
　　　　　　　　　　　　債権●●万円のうち●万円

(6)　給付の期日
　　令和5年3月●日

(7)　増加する資本金及び資本準備金
　　増加する資本金：1株につき●円
　　増加する資本準備金：1株につき●円

(8)　発行可能株式総数　●株

(9)　会社法第107条第1項各号に掲げる事項
　　当社の株式を譲渡により取得するには、当社代表取締役の承認を要する。

2　割当のご通知
　　当社は、貴殿より上記募集事項を承認の上、下記の株式を引き受ける旨の申込みがあったことを条件に、貴殿に募集株式を割り当てることに決定いたしましたので、会社法第204条第3項に基づきご通知申し上げます。

記

　割り当てる株式　　　　　当社普通株式　　　●株

以上

【雛形4 申込証】

募集株式申込証

株式会社●●●●● 御中

　貴社の募集事項を承認のうえ、下記の株式を引き受けたく、申し込みます。

記

株式会社●●●●● 普通株式 ●株

以上

令和5年3月●日

　　　（株式申込者）
　　　住所 ●●● ●−●
　　　氏名 ●●●●

【雛形5　資本金の額の計上に関する証明書】

資本金の額の計上に関する証明書

① 払込みを受けた金銭の額（会社計算規則第14条第1項第1号）
　該当事項はありません。

② 給付を受けた金銭以外の財産の給付があった日における当該財産の価額
（会社計算規則第14条第1項第2号）

金●●万円

③ 資本金等増加限度額（①＋②）

金●●万円

④ 資本金等増加限度額のうち資本金として計上する額

金●●万円

⑤ 資本金等増加限度額のうち資本準備金として計上する額

金●●万円

　募集株式の発行により増加する資本金の額●●万円は、会社法第445条及び会社計算規則第14条の規定に従って計上されたことに相違ないことを証明する。

　なお、本募集株式の発行においては、自己株式の処分を伴わない。

令和5年3月●日

　　　　●●県●●市●●区●●●●　●－●
　　　　　　株式会社●●●●●
　　　　　　代表取締役　●●●●

【雛形6　株主リスト】

証　　明　　書

　令和5年3月●日付臨時株主総会の全議案につき、総議決権数（当該議案につき、議決権を行使することができる全ての株主の有する議決権の数の合計をいう。以下同じ。）に対する株主の有する議決権（当該議案につき議決権を行使できるものに限る。以下同じ。）の数の割合が高いことにおいて上位となる株主であって、次の①と②の人数のうち少ない方の人数の株主の氏名又は名称及び住所、当該株主のそれぞれが有する株式の数（種類株主総会の決議を要する場合にあっては、その種類の株式の数）及び議決権の数並びに当該株主のそれぞれが有する議決権の数に係る当該割合は、次のとおりであることを証明します。

①　●名

②　その有する議決権の数の割合をその割合の多い順に順次加算し、その加算した割合が3分の2に達するまでの人数

	氏名又は名称	住所	株式数（株）	議決権数	議決権数の割合
1	株式会社●●●●	東京都●●区●●● ●-●	●●	●●	80.0%
2	●●●●	●●県●●市●●区●●● ●-●	●●	●●	20.0%
		合計	●●		100.0%
		総議決権数	●●		

令和5年3月●日

株式会社●●●●●

代表取締役　●●●●　㊞

Q11　役員借入金の相続税法上の時価

役員借入金の相続税法上の時価について留意点をご教示ください。

Answer

　実態貸借対照表ベースで実質債務超過であっても一切減額評価はできません。下記では当局の考え方についてまずは参考にします。

【解 説】

【財産評価基本通達205項】

（貸付金債権等の元本価額の範囲）

　前項の定めにより貸付金債権等の評価を行う場合において、その債権金額の全部又は一部が、課税時期において次に掲げる金額に該当するときその他その回収が不可能又は著しく困難であると見込まれるときにおいては、それらの金額は元本の価額に算入しない。

⑴　債務者について次に掲げる事実が発生している場合におけるその債務者に対して有する貸付金債権等の金額（その金額のうち、質権及び抵当権によって担保されている部分の金額を除く。）

　イ　手形交換所（これに準ずる機関を含む。）において取引停止処分を受けたとき

　ロ　会社更生法（平成14年法律第154号）の規定による更生手続開始の決定があったとき

　ハ　民事再生法（平成11年法律第225号）の規定による再生手続開始の決定があったとき

　ニ　会社法の規定による特別清算開始の命令があったとき

　ホ　破産法（平成16年法律第75号）の規定による破産手続開始の決定があったとき

　ヘ　業況不振のため又はその営む事業について重大な損失を受けたた

　　め、その事業を廃止し又は 6 か月以上休業しているとき（※下線筆
　　者）

(2)　更生計画認可の決定、再生計画認可の決定、特別清算に係る協定の認
　　可の決定又は法律の定める整理手続によらないいわゆる債権者集会の協
　　議により、債権の切捨て、棚上げ、年賦償還等の決定があった場合にお
　　いて、これらの決定のあった日現在におけるその債務者に対して有する
　　債権のうち、その決定により切り捨てられる部分の債権の金額及び次に
　　掲げる金額

　　　イ　弁済までの据置期間が決定後 5 年を超える場合におけるその債権の
　　　　金額

　　　ロ　年賦償還等の決定により割賦弁済されることとなった債権の金額の
　　　　うち、課税時期後 5 年を経過した日後に弁済されることとなる部分の
　　　　金額

(3)　当事者間の契約により債権の切捨て、棚上げ、年賦償還等が行われた
　　場合において、それが金融機関のあっせんに基づくものであるなど真正
　　に成立したものと認めるものであるときにおけるその債権の金額のうち
　　(2)に掲げる金額に準ずる金額

（参考）

調査に生かす判決情報

〜判決（判決速報№1476【相続税】）の紹介〜　平成30年9月27日

《ポイント》

裁判例を参照する際の留意事項

〜財産評価基本通達205「その他その回収が不可能又は著しく困難であると見込まれるとき」の解釈及び該当性について争われた事例〜

○事件の概要

1　X（納税者）は、平成23年に死亡した被相続人の相続（以下「本件相続」という。）について、被相続人がその夫である亡Aから相続した貸付金債権（亡Aが代表者を務めていた会社に対する貸付金債権であり、亡Aの相続税の申告において相続財産に含まれていたもの。以下、当該会社及び当該債権をそれぞれ「本件会社」及び「本件債権」という。）が存在しないものとして、相続税の申告書を提出した。

2　Y（国側）は、本件債権は被相続人の相続財産であり、その財産の価額は財産評価基本通達（以下「評価通達」という。）204（貸付金債権の評価）の定めに基づき評価することとなるとして、相続税の更正処分及び過少申告加算税の賦課決定処分をしたところ、Xは、本件会社の業務内容や財務内容等の状況からすれば、本件会社から本件債権を回収できないことは明らかであるから、本件債権の価額は、同通達205（貸付金債権等の元本価額の範囲）の定めに基づき評価すべきであり、その価額は零であるなどとして、本訴を提訴した。

○本件の争点・当事者の主張

1　本件債権は貸付金債権であることから、その評価方法は、評価通達204及び同通達205に基づいて評価することとなるが、国側と納税者側において、概ね次のとおり主張が対立した。

(1)　評価通達205の「その他その回収が不可能又は著しく困難であると見込まれるとき」の解釈について（争点1）

納税者側の主張	国側の主張
評価通達205の「その他その回収が不可能又は著しく困難であると見込まれるとき」に該当するか否かの判断については、評価通達205(1)ないし(3)に定める各事由に準ずるものあって、それと同視し得る事態に当たらない場合であっても、貸付金債権の回収可能性に影響を及ぼし得る要因が存在することがうかがわれる場合には、評価時点における債務者の業務内容、財務内容、収支状況、信用力などを具体的総合的に検討し判断すべきである。	評価通達205の「その他その回収が不可能又は著しく困難であると見込まれるとき」とは、評価通達205(1)ないし(3)の事由と同程度に、債務者が経済的に破綻していることが客観的に明白であり、そのため、債券の回収の見込みがないか又は著しく困難であると確実に認められるときをいうのであり、評価通達205(1)ないし(3)の事由を緩和したものではない。
〔主な証拠（根拠）〕 名古屋高裁平成17年6月10日判決	〔主な証拠（根拠）〕 東京高裁平成21年1月22日判決

(2)　本件債権が評価通達205に該当するか否かについて（争点2）

納税者側の主張	国側の主張
本件会社は、少なくとも平成19年以降現在に至るまで、常に債務超過の状態にあり、また、本件相続開始日の前後において継続的に損失が生じていた。このような事情を踏まえると、本件会社から本件債権を回収できないことは明らかでるから、本件債権の評価額は、評価通達205の適用により零である。	本件会社は、本件相続開始日を含む事業年度以前の7事業年度において、平均して約1,905万円の売上高を計上するとともに、金融機関から新たな融資を受けていたという状況にあったのであるから、本件会社が経済的に破綻していたなどとは到底いえず、本件債権は、評価通達205の適用がない。 　また、本件会社が債務超過にありながらも長年にわたって事業を継続していることは、本件会社が経済的に破綻していることが客観的に明白であるとは認められないことを裏付けるものである。

〔主な証拠（根拠）〕 平成19年から平成25年までの決算書ほか	〔主な証拠（根拠）〕 イ　昭和46年から平成25年までの決算書 ロ　上記イを基に本件会社の純資産及び純損益の金額の推移をまとめた調査報告書 ハ　預貯金等照会回答書（※下線筆者）

　オーナー貸付金（会社決算報告書においては役員借入金等々）に関しては財産評価基本通達205項を検討することが多いです。

（貸付金債権等の元本価額の範囲）

205　前項の定めにより貸付金債権等の評価を行う場合において、その債権金額の全部又は一部が、課税時期において次に掲げる金額に該当するときその他その回収が不可能又は著しく困難であると見込まれるときにおいては、それらの金額は元本の価額に算入しない。

(1)　債務者について次に掲げる事実が発生している場合におけるその債務者に対して有する貸付金債権等の金額（その金額のうち、質権及び抵当権によって担保されている部分の金額を除く。）

（中略）

ヘ　業況不振のため又はその営む事業について重大な損失を受けたため、その事業を廃止し又は6か月以上休業しているとき（※下線筆者）

　しかし、本件に限らず納税者主張が認められる可能性はほぼありません。当局は上掲の通り、

　〔主な証拠（根拠）〕

　イ　昭和46年から平成25年までの決算書

　ロ　上記イを基に本件会社の純資産及び純損益の金額の推移をまとめ

　　た調査報告書

　ハ　預貯金等照会回答書

を踏まえた上で破綻していない、と主張します。多くの中小企業が何かし
らの方法（自転車操業等々）で存続している限り、上掲証拠を持ちだされ
ると納税者は決定的な反論ができません。

○裁判所の判断等

1　争点1に対する裁判所の判断過程

　(1)　相続税法22条の「時価」を評価通達により評価することの合理性

　　1　中略

　　2　中略

　　3　<u>評価通達の内容自体が財産の「時価」を算定する上での一般的な合</u>
　　　<u>理性を有していると認められる限りは</u>、同通達の定める評価方法に
　　　従って算定された財産の評価額をもって、<u>相続税法上の「時価」であ</u>
　　　<u>ると事実上推認することができるものと解され</u>、同通達に定める方法
　　　によっては財産の時価を適切に評価することのできない<u>特別の事情の</u>
　　　<u>ない限り</u>、同通達に定める方法によって相続財産を評価することには
　　　合理性があるというべきである。

　(2)　貸付金債権を評価通達204及び同通達205により評価することの合理性

　　貸付金債権については、債務の内容が金銭の支払という抽象的な内容
であり、通常は元本及び利息の金額を一義的に定めることができるもの
である一方、市場性がなく、取引相場のように交換価値を具体的に示す
ものではないから、評価通達204が、原則として、貸付金の価額を元本
の金額と既経過利息との合計額で評価すると規定して、同通達205が、
例外として、債務者が手形交換所において取引停止処分を受けたとき
等、債権金額の全額又は一部の回収が不可能又は著しく困難であると見
込まれるときに限り、それらの金額を元本の価額に算入しないとしてい

るのは、貸付金債権の上記性質に照らして合理的なものということができる（貸し倒れリスクを何らかの方法で評価して減額することは、その客観的かつ適切に評価する方法を見出し難い上、上記の貸付金債権の性質からすると採用することができない。）。

(3)　評価通達205「その他その回収が不可能又は著しく困難であると見込まれるとき」の解釈

争点1

　　評価通達205の「その他その回収が不可能又は著しく困難であると見込まれるとき」とは、同通達205(1)ないし(3)の事由と同程度に、債権の回収の見込みがないか、又は著しく困難であると客観的に明白に認められるときをいうものを解すべきである。

　　本件は評価通達の解釈及び該当性が争われているところ、通達は、国民に対して拘束力を持つ法規ではなく、裁判所もそれに拘束されません。

　　したがって、法律上の主張に際しては、まずは法令の規定のみからどのようなことがいえるかを検討し、その上で、通達の定めを用いる場合には、飽くまでもその内容が法令に適合することを論証する必要があります。

　　本件における裁判所の判断過程も上記(1)のとおり、まず相続税法の規定を解釈しています。そこで、租税平等主義等を根拠に、原則として、評価通達が適用される判断枠組みを示し、(2)において評価通達の合理性を判断した上で、(3)のとおり評価通達の解釈を行っています。

2　争点2に対する裁判所の判断過程

（1）　裁判所に認定事実

> 1　本件会社は、平成17年6月期ないし平成23年6月期における経常利益の平均は約83万円の赤字に陥っているものの、この間においても営業を継続し、同期間において、平均1,905万円の売上げを上げており、本件相続開始時を含む平成23年6月期においても約1,727万円の売上げを上げていること。
>
> 2　本件相続開始時を含む事業年度である平成23年6月期以前において、金融機関から継続的に新たな融資を受けていたこと。
>
> 3　本件相続開始時現在において、本件会社に対して会社更生手続などの法的な処理が行われていたものではないこと。
>
> 4　本件会社の平成17年6月期ないし平成23年6月期における債務超過額は、約5,743万円ないし約6,386万円で、毎期債務超過の状態が続いていたものの、金融機関に対する返済は滞っていなかったこと。（※下線筆者）

（2）　裁判所の判断

争点1

> 本件会社は、被相続人の相続開始時において、営業を継続していた上、債権者に対する返済が遅滞又は停止していたなどの事実は認められないから、本件会社が、経済的に破綻していることが客観的に明白で、本件債権の回収の見込みがない又は著しく困難であると確実に認められるものであったとはいえず、本件債権について、「その回収が不可能又は著しく困難であると見込まれるとき」に当たるとはいえない。

○国税訟務官室からのコメント

1　はじめに

　調査において、国側と納税者の間で法律や通達の解釈が異なるとき、納税者から裁判例を根拠に示された場合、調査担当者は、納税者の主張が正当であると早合点してしまうことがあるかもしれない。

　しかし、本件のように、同じ法令等の解釈について判断の異なる裁判例が存在するケースがあるので、納税者の解釈の根拠が裁判例であっても、その裁判例の射程が及ぶか否か等を判断し、さらに、国側の主張の根拠となる裁判例がないかを確認することが肝要である。(※下線筆者)

(下記(A)に続く)

　過去の裁判例には先例といえるものがあり、当局も同様に認識していれば、その裁判例は抗弁となりえます。これは調査対応時点で用意をするよりも当初取引時に用意すべきものです。

　一方、当局解説にあるように、当該裁判例が個別具体性が強いと判断しているものやいわゆる限界事例といわれるものに関しては、前者については結果として事実認定に着地しますし、後者については原則反論材料になりえません。

　原始取引時に裁決・裁判例もセットで用意することは証拠化として重要ですが、当該裁決・裁判例が先例を有するか（当局までも拘束できるか）は別途、個別に検討する必要があります。

(A)

　　以下では、本件において納税者側と国側がそれぞれ解釈の根拠とした裁判例を紹介する。

2　評価通達205の「その他その回収が不可能又は著しく困難であると見込まれるとき」の解釈について（争点1）判断された裁判例

(1) 弾力的に解した裁判例【納税者側が主張の根拠とした裁判例】

　イ　名古屋地裁平成16年11月25日判決

　　　評価通達205の(1)ないし(3)の事由が貸付金債権等の実質的価値に影響を及ぼすと考えられる典型的な要因であることは否定できないが、その実質的価値に影響を及ぼす要因は、ほかにも多種多様なものが考えられ、必ずしも法的倒産手続や任意整理手続などが実施されておらず、かつ営業も継続しているような場合であっても、貸付金債権等の実質的価値が額面金額に満たない事態は存在する。(中略) そうすると、(「その他その回収が不可能又は著しく困難であると見込まれるとき」とは) (1)ないし(3)の事由に準ずるものであって、それと同視し得る事態に限り、債権額の全部又は一部を評価額に算入しないとする扱いは相当とはいえず、仮に同通達205の趣旨がそのようなものであるとするならば、その合理性に重大な疑問を抱かざるを得ない (このような同通達205の厳格な適用によってのみ、租税公平主義が実現されるとの立論に与することはできない。)

　　　したがって、(「その他その回収が不可能又は著しく困難であると見込まれるとき」とは) 上記(1)ないし(3)の事由に準ずるものであって、それと同視し得る事態に当たらない場合であっても、貸付金債権の回収可能性に影響を及ぼし得る要因が存在することがうかがわれる場合には、評価時点における債務者の業務内容、財務内容、収支状況、信用力などを具体的総合的に検討した上で、その実質的価値を判断すべき (※下線筆者) ものである。

　ロ　名古屋高裁平成17年6月10日判決 (上記イの控訴審)

　　　債権回収の可能性や程度の検討は、まず、(中略) 債権の回収可能性に影響を及ぼしうる要因の存否を、評価時点までの客観的指標、特に、会計帳簿の記載や外形的に明らかな事実を中心に行い、そのような危惧を抱かせる事情が存しないと判断される場合には、これに反して債権の回収可能性に影響を及ぼすべき要因が存在することが的確に窺えないかぎりは、(中略)、評価時点における債務者の業務内容、財務内容、収支状況、信用力などを具体的総合的に検討した上で、その

実質的価値を判断するまでもなく、額面どおりの時価であると評価することが相当（※下線筆者）である。

(2)　厳格に解した裁判例【国側が主張の根拠とした裁判例】

イ　東京高裁平成21年1月22日判決

評価通達205は、同通達205(1)ないし(3)の事由のほか、「その他その回収が不可能又は著しく困難であると見込まれるとき」も同通達204による評価の例外的事由として掲げているが、これが同通達205(1)ないし(3)の事由と並列的に規定されていることは規定上明らかである。このような同通達205の趣旨及び規定振りからすると、同通達205にいう「その他その回収が不可能又は著しく困難であると見込まれるとき」とは、同通達205(1)ないし(3)の事由と同程度に、債務者が経済的に破綻していることが客観的に明白であり、そのため、債権の回収の見込みがないか、又は著しく困難であると確実に認められるときであると解すべきであり、同通達205(1)ないし(3)の事由を緩和した事由であると解することはできない。（※下線筆者）

ロ　東京高裁昭和62年9月30日判決（最高裁昭和63年3月24日判決において原審維持）

評価通達205では、「貸付金債務等の評価を行う場合において、その債務金額の全部又は一部が、課税時期において次に掲げる金額に該当するときその他その回収が不可能又は著しく困難であると見込まれるときにおいては、それらの金額は元本の価格に算入しない。」としており、右に「次に掲げる金額」には、債務者が手形交換所において取引停止処分を受けたとき、会社更生手続、和議の開始の決定があつたとき、破産の宣告があつたとき等の貸付金債務等の金額及び和議の成立、整理計画の決定、更正計画の決定等により切り捨てられる金額等を掲げている。すなわち、同通達205の「次に掲げる金額に該当するとき」とは、右に示したように、いずれも、債務者の営業状況、資産状況等が客観的に破たんしていることが明白であつて、債務の回収の見込みのないことが客観的に確実であるといいうるときをさしているものということができる。したがつて、同通達205の「その他回収が

不可能又は著しく困難であると見込まれるとき」というのは、右に述べた「次に掲げる金額に該当するとき」に準じるものであつて、それと同視できる程度に債務者の営業状況、資産状況等が客観的に破たんしていることが明白であつて、債務の回収の見込みのないことが客観的に確実である（※下線筆者）といいうるときであることが必要であるというべきである。

　ハ　その他上記イ及びロと同旨の判断をしている裁判例

　　(イ)　大阪高裁平成15年7月1日判決

　　(ロ)　大阪高裁平成23年3月24日判決

　　(ハ)　福岡高裁平成28年7月14日判決

(3)　小括

　　評価通達205の「その他その回収が不可能又は著しく困難であると見込まれるとき」の解釈について、納税者側が主張した解釈を示している裁判例は、上記2(1)イの名古屋地裁平成16年11月25日判決（以下「名古屋地裁判決」という。）及びその控訴審である上記同ロの名古屋高裁平成17年6月10日判決（以下「名古屋高裁判決」という。）のみである。

　　他方で、国側が主張の根拠とした東京高裁平成21年1月22日判決は、それと同旨の判断をしている裁判例として上記(2)ロ及びハのとおり多数存在する。

3　名古屋地裁判決について

(1)　名古屋地裁判決の解釈と判断（結論）

　　同判決は、評価通達205の「その他その回収が不可能又は著しく困難であると見込まれるとき」の解釈について、国側が主張する解釈よりも弾力的にとらえ、「（評価通達205）(1)ないし(3)の事由に準ずるものであって、それと同視し得る事態に当たらない場合でも、貸付金債権の回収可能性に影響を及ぼし得る要因が存在することがうかがわれる場合には、評価時点における債務者の業務内容、財務内容、収支状況、信用力などを具体的総合的に検討した上で、その実質的価値を判断すべき」（※下線筆者）と判示している。

　　なお、同判決は、債権の回収可能性は、財務内容だけで決定されるものではなく、その借入れを含む資金調達能力や信用力などにも大きく左右される旨判示し、結論において、当該会社が実質的に債務超過状態にあったとしても、事業を現に継続しており、金融機関から新規融資を受ける一方、返済も順調に行われていること等から、回収可能性について疑問を抱かせる事情は認めることができないとして、当該会社への貸付金は額面で評価すべきと判断し、国側が勝訴した事例である。

(2)　小括

　　名古屋地裁判決の上記解釈は、その上級審である名古屋高裁判決においても引用されている。

　　一方、名古屋高裁判決では、原審を引用する他に、補正として上記2(1)ロの | 枠囲み | 部分

> 　　債権回収の可能性や程度の検討に当たり、評価時点までの客観的指標、特に、会計帳簿の記載や外形的に明らかな事実を中心に行い、そのような危惧を抱かせる事情が存しないと判断される場合には、これに反して債権の回収可能性に影響を及ぼすべき要因が存在することが的確に窺えないかぎりは（※下線筆者）、評価時点における債務者の業務内容、財務内容、収支状況、信用力などを具体的総合的に検討した上で、その実質的価値を判断するまでもなく、額面のとおりの時価であると評価することが相当（※下線筆者）である旨

の判断を加えている。

　　すなわち、名古屋地裁判決で判示した解釈について、その上級審である名古屋高裁判決では、条件を付し、より厳格な判断を示しているといえる。

　　また、名古屋高裁判決及び名古屋地裁判決が示した解釈については、結論において国側が勝訴しておりその処分が取り消されていないため、その上級審において国側が解釈について反論する余地がないものであっ

たと窺える。

4　裁判例を参照する際の留意事項

　本件は、納税者と国側が、評価通達の解釈についてそれぞれ異なる裁判例を基に主張を展開したところ、裁判所は国側の主張を採用し、その解釈に基づいて事実認定をした結果勝訴した事例である。今後の調査において裁判例を参照する際は、次のことに留意して調査に生かされたい。

(1)　確定しているか

　　上訴の有無を確認し、上級審により取消し、変更又は破棄がされていないかどうか確認すること。なお、第一審判決、控訴審判決及び上告審判決がある場合には、効率的な読み方は、上告審から読む方法であるが、正確に理解するためには第一審から順に全級審を読む必要がある。

【確認方法】判例等データベース、税務情報データベース等

(2)　射程の範囲の検討（裁判所の認定事実と法律的判断の結論を併せて読むこと）

　　<u>裁判所は、①規範（法令の規定、法令解釈、制度等）を示し、②事実認定を行い、③結論として、認定した事実を規範に当てはめた上で、法的効果を判断している（これを「法的三段論法」という。）。すなわち、裁判所は、常に認定した具体的な事実に基づいて判断をしており、その判断は事実に即したものである。したがって、判決文は、結論だけでなく、認定された事実関係をよく精査し、その判決の射程について検討する必要がある。</u>（※下線筆者）

（下記(B)に続く）

　実務ではほぼ遭遇しませんが、仮に前提事実が全く（ほぼ）同じで、争点も全く（ほぼ）同じという裁決・裁判例があれば、先述の先例価値の有無は後回しで検討してもよいです。しかし、当局は上掲のように意識しており、これは納税者でも同様の意識を持つことが必要になります。

　筆者が士業からの租税法ご相談業務を執務していると、たびたび近似の

事案で納税者の主張が認められた裁決・裁判例はないか、と聞かれます。確かに近似の事案での納税者主張が認められたケースは場合によっては存在します。しかし、先ほどからの理由でそれがそのまま当局反論への証拠として成立するかについては、原則としては成立しない可能性が高い、と思われます。この辺りは弁護士の案件へのスタンス（平たく言えば、自身は法文をこのように解釈しているのでこのように主張する、結果は裁判所が判断することだ、というスタンス）と税理士の案件へのスタンス（平たく言えば、法文、通達等々の規範どおりに執務しないと原則として当局は認めないので、自身の独自の解釈論等々は無意味というスタンス）が全く分かれるところです。本書読者は税理士を想定しているので税理士が弁護士スタンスをとることは自身がリスクを負うだけになりますので控えることを推奨します。

(B)

【参考】最高裁判所民事判例集（民集）に登載された最高裁判決は、最高裁判所調査官による判例解説が、『法曹時報』及び『最高裁判所判例解説（民事編）』に掲載される※ため、当該解説によりその最高裁判決の射程の範囲について検討することが可能である。

　例えば、左記の平成22年10月15日最高裁判決は、民集に登載されているところ、最高裁判所判例解説は次のように、本最高裁判決の射程に関する記載があることから、当該解説を参考に、十分にその内容を検討するとよい。

　「なお、本判決は、(ｱ)被相続人が所得税更正処分等に基づき所得税等を納付するとともに同処分等の取消訴訟を提起していたところ、その係属中に被相続人が死亡したため相続人が同訴訟を継続し、同処分等の取消判決が確定するに至ったという場合についての判断であって、(ｲ)被相続人が更正処分等に基づき所得税等を納付して死亡した後に、相続人が同処分等の取消訴訟を提起し、同処分等の取消判決が確定するに至ったという場合については、直接判示するもで

　　　はない（中略）。」

　　　※これらのほか、当該判例解説のダイジェスト版が『ジュリスト』に
　　　　「最高裁時の判例」として掲載される。なお、これらの書籍は国立
　　　　国会図書館等のほか、判例秘書イントラ版（署審理専門官等の審理
　　　　担当部署が閲覧可能）にて閲覧可能。

（下記(C)に続く）

　先述の先例価値ですが税理士自身で判断することは煩雑ですし、誤る可
能性もあります。上掲【参考】に記載のように民集や判夕等々、無数の裁
判例から重要なものを掲載した文献は多くあります。弁護士にリサーチさ
せることを推奨します。

(C)

　⑶　第一審の判断が上級審により引用だけでなく補正がされていないか

　　　上級審において、下級審の判断について結論は維持されているがその
　　　理由が改められたり、加えられる等の補正がされることがあるため、判
　　　決内容をよく確認する。

　⑷　法解釈と結論（結果）の関係

　　　名古屋高裁判決のように、結論において勝訴している場合にはその解
　　　釈について争う余地がなかったような事例がある。このような場合の解
　　　釈が独り歩きしている場合もあり、他に異なる解釈の裁判例がないかど
　　　うか注意が必要である。（※下線筆者）

　⑸　同じ論点について最高裁判決が存在するか

　　　最高裁判決が既に存在するにも関わらず、同じ論点についての下級審
　　　の裁判例のみを参考にすることがないように注意する。また、最高裁判
　　　決であっても後で変更されている場合もあるため、よく確認する。

　⑹　納税者の主張に沿う裁判例が示された場合、鵜呑みにしないこと、納
　　　税者が示した裁判例につき、法令解釈通達との整合性に留意した上で、
　　　上記⑴～⑸を確認するほか、国側の主張に沿う裁判例がないかを検討す

　る。

〔参考文献〕中野次雄『判例とその読み方』（三訂版）、伊藤義一『税法の読
　　　　　み方 判例の見方』（改訂第三版）

　勝手な減額については、原則として係争機関において納税者が敗訴しま
す。端的には

　１）会社借入金の大部分が同族役員からのもので占められていること
　２）同族役員が経常的に業務をしている以上、数値上の債務超過でも倒
　　　産状態にはないと断定している

という考え方を係争機関の判断は貫徹しています。

（参考）

東京高等裁判所平成19年（行コ）第407号　更正処分の義務付け等控訴事
件　平成21年１月22日判決【貸付金債権の評価／相続開始後に解散があった
場合／義務付けの訴えの適法性】（TAINZ コード　Z259−11120）

〔判示事項〕
１　当裁判所も、本件訴えのうち、控訴人らが本件各更正請求において納付
　すべき税額とした金額を超えない税額に関する部分について本件各通知の
　取消しを求める部分は、いずれも訴えの利益を欠き不適法であると判断す
　る。その理由は、原判決の理由説示（「第3　当裁判所の判断」１）のと
　おりであるから、これを引用する。
２　（省略）
３　（省略）
４　評価通達204項は、貸付金債権等の価額は、原則として、元本の価額と
　利息の価額との合計額によって評価すると規定し、評価通達205項は、評
　価通達204項の定めにより貸付金債権等の評価を行う場合において、例外
　的に、その債権金額の全部又は一部が課税時期において評価通達205項(1)
　ないし(3)に掲げる金額に該当するときその他その回収が不可能又は著しく

困難であると見込まれるときにおいては、それらの金額は元本の価額に算入しないと規定する。評価通達205項の趣旨及び規定振りからすると、同項にいう「その回収が不可能又は著しく困難であると見込まれるとき」とは、同項(1)ないし(3)の事由と同程度に、債務者が経済的に破綻していることが客観的に明白であり、そのため、債権の回収の見込みがないか、又は著しく困難であると確実に認められるときであると解すべきであり、同項(1)ないし(3)の事由を緩和した事由であると解することはできない。

5　評価通達204項及び205項は、貸付金債権等の評価として、原則として額面の評価によることとし、例外的に債権の回収が不可能等であることについて客観的に明白な事由がある場合に限り当該部分について元本に算入しない取扱いをすることとしているものであって、この定めは、相続税法22条を具体化した基準として合理的なものと認められる。

6　本件各債権については、相続開始時において、評価通達205項にいう「その回収が不可能又は著しく困難であると見込まれるとき」、すなわち、債務者が経済的に破綻していることが客観的に明白であり、そのため、債権の回収の見込みがないか、又は著しく困難であると客観的に認められるときに該当すると認めることはできず、評価通達204項に基づき債権の元本による評価をして差し支えないものということができる。

　なるほど、Aにおいては、相続開始時に多額の未処理損失があったが、それは大半が同族役員からの借入金であり、同族会社が同族株主、役員等からの経済的な支援等を受けて維持運営されるのは異例のことではなく、また、経常的に業務を維持運営している会社が計算書類上債務超過の状態にあるからといって、これを目して倒産状態にあるというのは早計に過ぎるといわなければならない。

7　控訴人甲が平成14年6月及び9月当時において不動産業者に対し売却を依頼した土地は、Aが営む葬儀請負業に影響しない倉庫敷地であり、さらに、不動産業者に対し同倉庫敷地及び葬祭ホール敷地を含む全体の土地の売却を依頼したのは平成16年3月のことであるから、Aが平成14年6月及び9月当時において廃業を意図していたと認めることは到底できず、他にAが相続開始時前において廃業に向けて動き出していたことを認め

るに足りる証拠はない。したがって、控訴人らの上記主張は理由がない。

　8　（省略）

（参考）

（貸付金債権の評価）
貸付金債権の評価につき、その会社の資産状況及び営業状況等が破たんしていることが明白かつ債権の回収の見込みのないことが客観的に確実であるといい得る状況にあったとは認められないから、その一部を回収不能として減額することは認められないとした事例（平21－05－12裁決）【裁決事例集第77集444頁】（TAINZ コード　J77－4－26）

〔裁決の要旨〕
　本件貸付金については、財産評価基本通達の定めに基づいて評価するのが、相当であるところ、本件会社について、同通達205の⑴から⑶までに該当する事由は認められないことから、本件貸付金の全部又は一部が、本件相続開始日において、同通達205に定める「その他その回収が不可能又は著しく困難であると見込まれるとき」に該当するか否かについて、本件会社の資産状況及び営業状況等に照らし判断すると、次のとおりである。
　本件会社は、本件相続開始日以降、現在に至るまで存続し、従業員のうち障害者を関係グループ会社であるK社に出向させ、主にK社からの出向料及び国等からの助成金により、営業外収益を計上している。また、本件会社は、事業目的を不動産の売買等に拡大した後、平成14年7月期に地方裁判所の競争入札に参加していること、及び平成17年7月期において、不動産取引による売却益として39,120,000円を計上していることからすれば、本件会社の営業が停止していたとは認められない。
　そして、本件会社は同族会社であり、関係グループ会社の代表者も本件相続人又はその親族らであり、本件会社の借入金債務は、K社、本件被相続人及びその親族からの債務が大半であって、返済期限等の定めがないため、直ちに返済を求められる可能性は極めて低く、金融機関等外部からの借入れに比べて有利といえ、現に、本件会社は、関係グループ会社との間で頻繁に

　貸借を行い、特にK社との間では、常時貸借が存在し、時々に応じて返済していた事実が認められる。

　さらに、本件相続開始日において、本件会社のU銀行及びV銀行に対する借入金債務残高は零円となっている上、L銀行に対しては、月々500,000円の返済を続けており、同銀行は、返済期限をはるかに過ぎている債権であるにもかかわらず、積極的な債権回収の動きをしていない。本件被相続人からの借入金についても、本件相続開始日の直前に、合計約20,000,000円を返済している。

　以上のことから、本件貸付金については、本件相続開始日において、財産評価基本通達205に定める「その他その回収が不可能又は著しく困難であると見込まれるとき」、すなわち、本件会社の事業経営が破たんしていることが客観的に明白であって、債権の回収の見込みのないことが客観的に確実であるといい得る状況にあったとは認められない。

（参考）

大阪高等裁判所平成20年（行コ）第154号　相続税更正処分取消等請求控訴事件　平成21年8月27日判決【相続財産の範囲／貸付金債権／納税者逆転敗訴】（TAINZコード　Z259-11263）

〔判示事項〕
1　当裁判所は、原審とは異なり、被相続人は、相続開始日において、A社に対し、少なくとも3億2299万3342円の貸付金債権を有していたものであり、処分行政庁が被控訴人らに対し行った相続税の各更正処分等は相当であると判断する。
2　A社は、本件査察調査により同社に帰属すべき簿外現金等の存在が大阪国税局に判明し、修正申告を余儀なくされたものであって、売上除外金により形成された資産の会社資産又は個人資産の区分及び両者の関係については、長期間にわたる本件査察調査によって明確化され、A社もこの査察結果を受け入れ、修正申告することにより会社資産と個人資産との区

分及び両者の関係を明確化したものと認められる。

そして、本件査察調査を経た A 社の会計帳簿には虚偽取引や架空取引が記載されている可能性は皆無であるというべきであるから、A 社と被相続人との債権債務関係については、基本的に A 社の会計帳簿から認定し得るものである。

3　認定事実のとおり、本件借入金勘定によると、順号 6、8 及び 9 の会計処理は明らかな誤りであり、被相続人が A 社に対し少なくとも 3 億2299万3342円の貸付金債権を有していることが認められる。

4　会計帳簿は、法律上公正な会計慣行に従って作成することが義務づけられており、企業の収益力を適正に表示し、債権者等の利益保護を図り、また企業が合理的な運営を行うために作成されるものであって、貸借対照表等の決算書を作成する基礎となる重要な書類である。

　そして、法律は、高い信用性を担保するため、さまざまな規定を置いているのであって、一般的に高い信用性が認められる。なるほど、課税実務において、会計帳簿の記載が、他の証拠等による事実と齟齬する内容が記載されていることが明らかになることもあるが、このような場合においても、当該会計帳簿を基礎とし、齟齬する部分についてのみ是正した上、その後の課税手続が進められるのであって、一部の明らかな誤りが帳簿全体の信用性を喪失させるなどと考えることは到底できない。

5　A 社における会計帳簿は、会社資産の範囲を明確化した本件査察調査によってその信用性は十分に担保されている。また、相続開始の時期がこれに近接していることに照らしても、その後に虚偽取引や架空取引等が記載されている可能性があるとはいえず、本件調査により指摘された過誤以外の部分については、十分に信用することができ、一部の過誤に起因して本件借入金勘定に係る会計処理全体が信用できないなどということは到底できない。

6　被控訴人らは、会計帳簿の記載に係る個別の債権の発生・消滅原因となる事実を課税庁において主張立証しなければならないと主張するが、同族会社の代表取締役が当該同族会社に対して貸付けをする場合は、個々の取引に係る金銭消費貸借契約書までは作成しないケースが多く、このような

代表者貸付金については、会計帳簿により、全体としてその存在が認められれば、これを個々に特定表示することができない場合であっても、その債権の存在が認められるというべきである。

　そして、本件においては、本件査察調査によりA社の資産が十分に把握されているのであり、本件借入金勘定における会計処理からも、そして被相続人に次いでA社の代表取締役に就任した戊等の供述ないし陳述記載からも、被相続人からA社への貸付金の存在は明らかであるから、被控訴人らの上記主張は理由がない。

（参考）

【取引相場のない株式の評価／債務免除・確実な債務】
被相続人が放棄した債権の額は同族会社A社に対する貸付金債権の全部であり、元役員らに対する債務は確実な債務とは認められないことから、被相続人からA社の株主である審査請求人へのみなし贈与（相法9）があったとして、相続税法19条《相続開始前3年以内に贈与があった場合の相続税額》1項の規定を適用した更正処分は適法であるとされた事例（平24.10.17裁決）

〔裁決の要旨〕

　本件は、原処分庁が、被相続人が生前にした同族会社（A社）に対する債務免除により同社の株式の価額が増加したことが、被相続人から同社の株主である審査請求人への贈与とみなされるなどとして、請求人に対して相続税の更正処分及び過少申告加算税の賦課決定処分をしたことに対し、審査請求人が、当該債務免除の一部が無効であるなどとしてその処分の一部の取消しを求めた事案である。

　審査請求人は、本件貸付金は、A社から被相続人への交付金が再びA社に戻されただけのもので、資金移動の裏付けを欠くものであり、貸付け自体が無効であって、貸付けではない旨主張する。しかし、被相続人がA社から取得した金銭を改めてA社に貸し付けることも法律上可能なのであり、

このような資金の流れであることをもって、金銭の貸付けではないということはできない。なお、仕訳の内容からすると、Ａ社は、被相続人に資金を交付すれば、元役員らに対する債務（未払金・仮受金）が消滅すると考えていたものと解されるところ、それを前提とすれば、Ａ社に残された処理は平成13年10月５日のＢ銀行からの借入金の返済のみとなり、Ａ社がその返済資金を被相続人からの借入金で賄ったことは、むしろ自然であるというべきである。したがって、審査請求人の主張には理由がない。

　上記のとおり、平成13年10月24日の資金移動は、被相続人からＡ社への金銭の貸付けであったと認められるのであり、これを含め、被相続人からの借入金の残高は、債権放棄等を経て、各事業年度末における被相続人からの借入金の残高のとおり推移し、平成18年８月31日における額は、本件債権の額と同額になったものと認められる。

　商行為により生じた債務については、商法第522条《商事消滅時効》に５年の消滅時効が規定されているところ、元役員らに対する債務については、元役員らからＡ社に対する請求やＡ社の債務承認といった時効中断事由は認められないし、証拠上、その他の時効中断事由も認められない。したがって、当該債務については、遅くとも平成18年10月24日には、既に消滅時効は完成していたと認められる。

　本件債権の放棄の時及び相続の開始の日において、既に消滅時効の完成した元役員らに対する債務は、確実と認められる債務に該当しないことから、債務が仮に存在していたものとしても、審査請求人の主張する債務があるとして、Ａ社の株式を評価することはできない。したがって、債務の存否に関わらず、審査請求人の主張する債務があるとして、Ａ社の株式を評価することはできない。

　被相続人が放棄した債権の額はその全額であり、元役員らに対する債務及び本件交付金に相当するＡ社の債権があるとしてＡ社の株式を評価することができないことから、相続税法第19条の規定により、請求人が本件相続の開始前３年以内の贈与により取得したとみなして本件相続に係る相続税の課税価格に加算される経済的利益の額は、本件債権の放棄の時点において増加したＡ社の株式１株当たりの価額に、同時点で請求人が保有していたＡ社

の株式の株数（34,920株）を乗じた金額となり、また、本件相続により審査請求人が取得した本件株式の価額は、本件相続の開始の日における本件株式の1株当たりの価額447円に、審査請求人が本件相続により取得した本件株式の株数（368,280株）を乗じた164,621,160円となり、それぞれ本件更正処分と同額となる。

　したがって、審査請求人の相続税の課税価格及び納付すべき税額を計算すると、本件更正処分の額と同額であることから、本件更正処分は適法と認められる。

（参考）

東京地方裁判所平成28年（行ウ）第189号　相続税更正処分等取消請求事件　平成30年3月27日判決【貸付金債権の存否及び評価／評価通達の合理性・回収可能性・特別の事情の有無】（TAINZ コード　Z888-2192）

〔判示事項〕

1　本件は、被相続人Bを相続した長男である原告が、被相続人が夫である亡Aから相続した亡Aが代表者を務めていた会社（本件会社）に対する貸金債権（本件債権）について、これが存在しないものとして相続税の申告をしたところ、処分行政庁が本件債権が存在するものとしてした更正処分のうち本件債権に係る部分及び過少申告加算税賦課決定処分が違法であるとして、その取消しを求める事案である。

2　本件会社は、相続開始時において、5738万0272円の本件債権が存在するものとして自社の会計処理等をし、原告は、相続開始時において、同額の本件債権が存在したものとして債権の行使をしたものであるということができるから、相続開始時に本件債権が存在していたことが認められるというべきである。

3　これに対し、原告は、亡Aが本件会社に対し、本件債権について、債務免除の意思表示をした旨を主張する。

　しかし、亡Aが自身が死亡した場合に本件債権に係る債務を免除する

旨の意思表示を明示的にしたと認めるに足りる証拠はない上、亡Aの相続開始時に本件債権が存在していたことを裏付ける事情に鑑みると、亡Aが本件会社に対し、本件債権について債務免除の意思表示をしたとは認められない。

4　（省略）

5　評価通達204は、原則として、貸付金の価額を元本の金額と利息との合計額で評価すると規定し、評価通達205は、例外として、債務者が手形交換所において取引停止処分を受けたとき等、債権金額の全部又は一部の回収が不可能又は著しく困難であると見込まれるときに限り、それらの金額を元本の価額に算入しないとしているところ、このような規定は、貸付金債権の性質に照らして合理的なものということができる。

6　そして、評価通達205は、その(1)ないし(3)の事由のほか、「その回収が不可能又は著しく困難であると見込まれるとき」も評価通達204による評価の例外的事由として掲げているが、これが評価通達205(1)ないし(3)の事由と並列的に規定されていることは規定上明らかであることからすると、評価通達205にいう「その回収が不可能又は著しく困難であると見込まれるとき」とは、評価通達205(1)ないし(3)の事由と同程度に、債務者が経済的に破綻していることが客観的に明白であり、そのため、債権の回収の見込みがないか、又は著しく困難であると確実に認められるときをいうものと解すべきである。

7　本件会社は、相続開始時において、営業を継続していた上、債権者に対する返済が遅滞又は停止していたなどの事実は認められないから、本件会社が、経済的に破綻していることが客観的に明白で、本件債権の回収の見込みがない又は著しく困難であると確実に認められるものであったとはいえず、本件債権について、「その回収が不可能又は著しく困難であると見込まれるとき」に当たるとはいえないというべきである。

8　原告は、本件債権の評価額は本件評価により871万1000円である旨を主張し、これに沿う評価書を提出するが、独自の評価をもって直ちに特別の事情があるとはいえない。

　また、原告は、本件債権について、その回収可能性に影響を及ぼし得る

要因が存在するのであるから、評価通達の定めによらないことが相当と認められるような特別の事情が存在する旨を主張するが、債権が直ちに回収することができないとしても、そのことによって、直ちに当該債権の評価が0となるものではなく、上記特別の事情があるということはできない。

［3］

擬似 DES

Q12　擬似 DES の留意点

擬似 DES について留意点をご教示ください。

Answer

　手続きは非常に簡単です。税務上の明確な取扱いがないため行為そのものに問題が生じ得るとは想定しえませんが、細かな箇所での指摘はあるかもしれません。

【解 説】

　細かな箇所での目配せというと

　・特定の債務者への優先弁済

　・増資の時期と評価損

の論点が代表的です。

　ここでは後段をとりあげます。

評価損計上に係る可否と計上時期

　法人税基本通達 9−1−9⑵の要件を満たした場合、関連法人株式につき評価損が計上できます。

法人税基本通達 9−1−9⑵

（上場有価証券等以外の有価証券の発行法人の資産状態の判定）

　　令第68条第1項第2号ロ《上場有価証券等以外の有価証券の評価損の計上ができる事実》に規定する「有価証券を発行する法人の資産状態が著しく悪化したこと」には、次に掲げる事実がこれに該当する。

⑴　当該有価証券を取得して相当の期間を経過した後に当該発行法人について次に掲げる事実が生じたこと。

　　イ　特別清算開始の命令があったこと。

　　ロ　破産手続開始の決定があったこと。

　　ハ　再生手続開始の決定があったこと。

　　ニ　更生手続開始の決定があったこと。

(2)　当該事業年度終了の日における当該有価証券の発行法人の1株又は1口当たりの純資産価額が当該有価証券を取得した時の当該発行法人の1株又は1口当たりの純資産価額に比しておおむね50％以上下回ることとなったこと。

(注)　(2)の場合においては、次のことに留意する。

　　1　当該有価証券の取得が2回以上にわたって行われている場合又は当該発行法人が募集株式の発行等若しくは株式の併合等を行っている場合には、その取得又は募集株式の発行等若しくは株式の併合等があった都度、その増加又は減少した当該有価証券の数及びその取得又は募集株式の発行等若しくは株式の併合等の直前における1株又は1口当たりの純資産価額を加味して当該有価証券を取得した時の1株又は1口当たりの純資産価額を修正し、これに基づいてその比較を行う。

　　2　当該発行法人が債務超過の状態にあるため1株又は1口当たりの純資産価額が負（マイナス）であるときは、当該負の金額を基礎としてその比較を行う。

　債務超過の会社に出資した場合の評価損計上要件は上記の（注）2です。『法人税基本通達逐条解説』（税務研究会出版局）では、「取得時における1株当たりの純資産価額がプラス100の場合には、これに比して50％以上下回るというのは、プラス50以下となることであるが、マイナス100が50％以上下回るというのはマイナス150以下となることである」とあります。『法人税基本通達の疑問点』（ぎょうせい、下記については、一部筆者改変）では「取得時の純資産価額が0の場合の50％基準の適用はどうするか」との質問に「50％基準ではなく、取得経緯等を総合勘案して判定」とあります。

　債務超過法人に出資した場合、評価損計上要件は上記通達（注）2とな

ります。これにつき、逐条解説において「取得時における1株当たりの純資産価額がプラス100の場合には、これに比して50％以上下回るというのは、プラス50以下となることであるが、マイナス100が50％以上下回るというのはマイナス150以下となること」とあることから、これが評価損金額となります。

同通達9－1－12によると、発行法人の増資を引き受け、増資後でも債務超過が解消できない場合、増資後の株式評価損は計上できません。

法人税基本通達9－1－12

（増資払込み後における株式の評価損）

　　株式（出資を含む。以下9－1－12において同じ。）を有している法人が当該株式の発行法人の増資に係る新株を引き受けて払込みをした場合には、仮に当該発行法人が増資の直前において債務超過の状態にあり、かつ、その増資後においてなお債務超過の状態が解消していないとしても、その増資後における当該発行法人の株式については令第68条第1項第2号ロ《上場有価証券等以外の有価証券の評価損の計上ができる事実》に掲げる事実はないものとする。ただし、その増資から相当の期間を経過した後において改めて当該事実が生じたと認められる場合には、この限りでない。

このように、評価損計上可否は増資後で判定します。平成7年4月14日裁決は、納税者が期末日直後増資（DES）をし、当該増資直後に評価損を計上しており、上記通達と整合していました。

一方で、当局は増資前である期末日での評価損を否認しました。納税者は期末日前後で増資に係る一連の手続きを実行しており、当局は利益操作意図があるとして、法基通9－1－12につき事実上の拡大解釈（通達なので正確な表現ではありません）をしました。本件は、結果として納税者の主張が認められましたが、あまり強引なことはすべきではありません。

（参照）

F0-2-116

（非上場株式の評価損／資産状態の著しい悪化）

非上場株式の発行法人の資産状態が著しく悪化し、その価額が著しく低下した場合に該当するとして、評価損の計上が認められ、更正処分の全部が取り消された事例（平07-04-14裁決）

概　　要

〔裁決の要旨〕

1　親会社が欠損の子会社を存続させるためにその子会社に対して増資払込みをすることは、その事情においてやむを得ないものがあることもあり、請求人の場合には、関連会社が同じ経済圏で営業している等の事情を併せ考慮すれば、単に増資払込みの事実をもって業況の回復が見込まれると解するのは相当でない。

2　また、増資直後の株式の評価減が認められないとしても、増資直前の事業年度についてまで無条件に旧株について株式の評価減を行うことを妨げるものではないと解するのが、相当であるところ、請求人の場合、本件事業年度に X 社の増資に対して払込みを行う旨の社内決済を了しているものの、翌事業年度に本件増資払込みが貸付金の充当という形で行われていることから、翌事業年度においての本件増資払込みが本件事業年度の株式の評価損の計上に影響を与えるものではないと解するのが相当である。

3　X 社の財務状態が大幅な債務超過に陥ったことに伴い、主たる株主などが多額の撤退費用を支払って、その経営から退いたこと、X 社は多額の欠損金を有し、請求人から多額の借入れをし、その利息を支払っていないこと等を考慮すると、X 社の業績が早期に回復することが見込まれる状態にあるとすることは相当ではない。

4　以上の結果、本件株式は法人税法施行令第68条第2号ロに規定する「その有価証券を発行する法人の資産状態が著しく悪化したため、その価額が著しく低下した」場合に該当するので、本件株式について評価損を計上す

ることが認められ、本件更正処分はその全部を取り消すべきである。

（参照）

F0 - 2 - 1020
（子会社株式評価損／子会社の資産状態の著しい悪化）
子会社の資産状態は著しく悪化したとの請求人の主張に対し、平成27年12月
期の終了の時における子会社の純資産価額は、出資持分を取得した時におけ
る純資産価額と比較しておおむね50％以上下回っているということはできな
いとして、本件有価証券評価損は損金の額に算入されないとした事例（令02
-12-16裁決）

概　　要
〔裁決の要旨〕
1　本件は、審査請求人が、その有する子会社（請求人の代表者が出資して
　設立した中国に所在する有限責任会社）の出資持分に係る評価損を損金の
　額に算入して法人税等の申告をしたところ、原処分庁が、当該評価損は損
　金の額に算入されないなどとして更正処分等をしたのに対し、請求人が、
　当該子会社の資産状態が著しく悪化しているから当該評価損は損金の額に
　算入されるなどとして、当該更正処分等の全部の取消しを求めた事案であ
　る。
2　本件出資持分について、本件子会社の資産状態が著しく悪化したという
　ためには、請求人が本件評価損を計上した平成27年12月期の終了の時（平
　成27年12月31日）における子会社の 1 口当たりの純資産価額が出資持分を
　取得した時（平成24年 8 月29日）の子会社の 1 口当たりの純資産価額と比
　較しておおむね50％以上下回ることとなった事実が必要となる。
3　本件では、請求人による出資持分の取得から平成27年12月31日までの間
　に、子会社の出資総額及びその持分比率に異動はないから、当該事実の有
　無を判断するに当たっては、 1 口当たりの純資産価額に引き直して計算す
　ることなく、両時点の子会社の純資産価額を比較して判断すれば足りると

考えられるところ、平成27年12月期の終了の時における子会社の貸借対照表上の純資産価額（24,968,991人民元）は、出資持分の取得直後である平成24年8月31日現在の純資産価額（33,807,796人民元）に比して約26％下回っているにすぎない。

4　そして、当審判所に提出された証拠資料等によれば、自動車部品生産加工プロジェクトに関する契約の締結から平成27年12月期の終了の時までに、委員会などの行政機関は、子会社に対して書面又は口頭によりプロジェクトに係る各土地の土地使用権を没収する旨の通知をするなどしておらず、各土地支出金及び建物を含めてこれらが実際に没収されたことはないし、また、子会社も、各土地の土地使用権又は各土地支出金及び建物に関して自己の権利を譲渡又は放棄等していないことが認められ、そのほかに、平成27年12月期の終了の時において子会社の純資産価額が貸借対照表上の純資産価額と異なるなどとうかがわせる事情も見当たらない。そのため、平成27年12月期の終了の時における子会社の純資産価額が、貸借対照表上の純資産価額と大幅に異なっているとはいえないし、出資持分を取得した時における子会社の純資産価額と比較しておおむね50％以上下回っているということもできない。

5　したがって、本件出資持分について、子会社の資産状態が著しく悪化したということはできないから、その他の要件について判断するまでもなく、法人税法施行令68条1項2号ロに規定する事実が生じていたとは認められない。

6　よって、審査請求は理由がないから、これを棄却することとし、主文のとおり裁決する。

Q13 擬似 DES に関連する過去の増資問題

> 擬似 DES と関連して過去にあった増資に係る問題となった事案をご教示ください。

Answer

・スリーエス事件　東京地裁平成12年11月30日判決

・相互タクシー増資高額払込事件　福井地裁平成13年1月17日判決

が有名ですが、いずれも限界事例（先例とは認められていない）のため、特段留意するほどでもありません。

【解 説】

・スリーエス事件　東京地裁平成12年11月30日判決

・相互タクシー増資高額払込事件　福井地裁平成13年1月17日判決

上記に共通していえますが、一連の取引が租税回避認定されれば、当該有利発行は妥当性を失います。

相互タクシー事件（福井地裁平成13年1月17日判決）を検証してみましょう。

グループ法人税制適用下にある取引は除外することと仮定します。事案は債務超過1億円の債務超過会社に対し1億円の出資をし（出資側は（借方）投資有価証券1億円が計上される）、その後、当該有価証券を備忘価額1円で関係会社に譲渡します。そうすると（1円−1億円）の金額が投資有価証券売却損として損金計上できるというものです（数値は仮値、事例は単純化している）。判決では増資払込金額のうち、寄附金に該当する部分は法人税法上の評価として払込みした金額に該当しないとされました。この事案は法人税法第132条適用ではなく法人税法第37条を適用して否認しています。

寄附金発動ということは反射で受贈益課税の発動も考慮の余地がありそ

うです。つまり、上記でいえば、増資により新株を発行した債務超過会社
に対する受贈益課税です。名古屋高裁判決文によると、この箇所は「私法
上（商法上）有効な増資払込みであっても、法人税法上、それを寄附金と
認定することが妥当である。同じ増資払込行為を受入れ側では増資払込み
と認定しながら、払込み側で寄附金の支出と認めることは法人税法上は何
ら異とするに足りない」としており、受入れ側で資本組入れ、払込み側で
寄附金が発生することに矛盾はないと言いきっています。

　現行法人税法は金銭出資は全て資本等取引で処理され、損金益金が介入
する余地は全くありません。

　別冊ジュリスト租税判例百選（第 4 版）（有斐閣）p.117（なお、最新版は
第 7 版となります、下記第 1 ～第 3 までは上記文献を引用（一部筆者改変）
しています）で岡村忠生教授は、下記の問題提起をしています。

・第 1 はいうまでもなく株式に関する会社法制の変化である。この事件で
は、寄附金となる境界として額面金額すなわち発行価額が利用されたが、
もはやこれらは使うことができない。今日であれば、払込金額（会法199
①二）が 1 株100万円とされ、種類株式を利用して支配が継続したはずで
ある。
・第 2 は株主法人間取引に関する法人税法の変化である。すなわち、2001年
改正により法 2 編 1 章 6 款の新設や法24条の改正等が行われ、分割、合
併、現物出資による資産の移転は原則として時価移転、適格組織再編成に
該当する場合は簿価移転とされた。この区別では、「贈与又は無償の供与」
かどうかは考慮の余地がない。これら諸規定もまた「別段の定め」である
以上、法22条 2 項はもちろん、法37条に一方的に劣後すると解することは
できない。
・第 3 は法132条の主張にも現れている事案の特殊性の影響である。本判決
は、「対価」の有無を経済的合理性で判断し、「払い込んだ金額」を法人税
法上の対価として否認した。こうした経済的合理性に基づく判断や私法上
有効な取引の実質による上書きは、行為計算否認そのものであり、これを

> 法37条が一般的に認めているとみることはできない。なお、法132条を、子会社貸付金それ自体が貸倒れ等により損金算入されるかを基準として適用した判決がある。（筆者注：当該判決はスリーエス事件（東京地裁平成12年11月30日訴月48巻11号2785頁）を指しています）。

　この評釈に筆者は賛同します。すなわち、高額引受けの場合、当該払込金額は原則として有価証券の取得価額として処理しますが、法人税法第132条の要件に該当したときのみ、高額相当部分を寄附金課税（法法37）で否認すればよいと考えます。同様の考え方は適格分社型分割、適格現物出資でも同様です（ただし根拠条文は法法132の2）。後者については岡村先生の第2のご指摘に従うと、適格分社型分割等で高額引受けによる有価証券の取得がなされた場合、「移転資産の帳簿価額から移転負債の帳簿価額を減算した金額」（法令119①七）という法文から当該高額部分のみを寄附金抽出することが現実的に困難であるからです[3]。

3　稲見誠一・他『組織再編における株主課税の実務Q&A』中央経済社（2008/09）該当箇所を適宜参照しています。

Q14　金融機関を介在させる手法

擬似 DES のうち金融機関を介在させる手法についてご教示ください。

Answer

　金融機関を介在させて「銀行から会社に貸付⇒会社は役員に返済⇒当該資金で役員は会社に出資⇒当該出資金で銀行へ返済」という擬似 DES プランニングもあるようです。税務上は特段の問題は生じません。ただし現実に実行できるかについて疑義があります。

【解　説】

　金融機関を介在させて「銀行から会社に貸付⇒会社は役員に返済⇒当該資金で役員は会社に出資⇒当該出資金で銀行へ返済」という擬似 DES プランニングもあるようです。

　会社法上の問題として、見せ金に近似しているため、その論点は払拭できないと思います。しかし、預け合いと違い、見せ金は、会社法で直接の禁止規定がなく、この払込みを有効か無効かについては学説も割れていること、そもそも中小・零細企業において当該状態に訴えるものはいないことから、この問題は実質的にクリアできていると思われます。

　現実的に問題になるのは、DES や擬似 DES の時と同様、払込み後の株価対策であること、そして最大のネックは金融機関の説得がうまくいかないことでしょう。

　税務上、過剰な心配をするとしたら、金融機関が「純然たる第三者」「課税上弊害がない場合に限り」に該当するかどうかです。仮に純然たる第三者に該当しないと判断された場合、上述の

　　・スリーエス事件　東京地裁平成12年11月30日判決
　　・相互タクシー増資高額払込事件　福井地裁平成13年１月17日判決
の理解が必須となります。

　この点、金融機関については、平成17年10月12日東京地裁において「当該売買取引と同時期に取引銀行に対して譲渡した同株式の取引価格は、取引上の見返りに対する銀行側の期待が株価の決定に影響した可能性が十分にあるとして、客観的価額とは認められません」と判示しており、裁判例からは「純然たる第三者」とは判定できません。

　ただし、下記の抽出判示を確認してもらえば分かるように、本事例は金融機関が積極的に原告（対象会社・納税者）の相続・事業承継プランニングに関わっていたことが伺い知れます。これら特殊事情から本裁判例においては銀行は「純然たる第三者」ではないという「個別事例」だったと検証することも可能です。

　この裁判例があるものの、課税実務では金融機関への株式売却があるとすれば配当還元価格、旧券面額等の低額な金額で行っても、当局調査で指摘を受けることはまずないと考えられます。仮に金融機関が積極的に原告（対象会社・納税者）の相続・事業承継プランニングに関わっていた、としてもです。当然、その関わり方の深度、金額の多寡、そもそも他の指摘項目との兼ね合いもあるので何とも断定はできません。裁判例と課税実務が相反する場面であり、一種の不確定概念に近いものを感じます。

東京地方裁判所平成15年（行ウ）第214号　贈与税決定処分取消等請求事件　平成17年10月12日判決【みなし贈与／非同族株主への取引相場のない株式の譲渡】（TAINZ コード　Z255－10156）

〔要点〕
　個人株主として筆頭株主になった譲受人に対する配当還元方式を多少上回る評価額による譲渡が、みなし贈与に当たらないとされた事例。

　相続税法における時価について、課税実務上、評価通達に定められた評価方法が合理的なものである限り、これを時価の評価方法として妥当なものと取り扱っています。

　本件で課税庁は、株式の売買取引が、同族株主である譲渡人側の相続・事業承継対策の一環として行われた取引であり、配当還元方式を多少上回る評価額によってされた当該取引はその後、同社の個人株主として筆頭株主となった同族株主以外の譲受人への実質的贈与（相続税法第7条にいう「著しく低い価額の対価で財産の譲渡を受けた場合」）であるとして、評価通達の定めによるべきではないと主張しました。しかし裁判所は、配当還元方式が評価通達において同族株主以外の株主が取得した株式についての原則的な評価方法である以上、それを否定することは、評価通達の趣旨を没却することになるとして、課税庁の主張を排斥しました。

　なお、当該売買取引と同時期に取引銀行に対して譲渡した同株式の取引価格は、取引上の見返りに対する銀行側の期待が株価の決定に影響した可能性が十分にあるとして、客観的価額とは認められませんでした。本件は、一審で確定しています。

　下記は判示の一部を抜粋しています。

【判示(8)】
　したがって、仮に他の取引事例が存在することを理由に、評価通達の定めとは異なる評価をすることが許される場合があり得るとしても、それは、当該取引事例が、取引相場による取引に匹敵する程度の客観性を備えたものである場合等例外的な場合に限られるものというべきである。
　そこで検討すると、証拠によれば、本件売買実例におけるE銀行の購入株価（1株当たり793円。なお、この金額は、G銀行及びJの購入株価と同額である。）は、評価通達に定める類似業種比準方式に準じて算出された価格により決定されたものであり、I銀行の購入株価（1株当たり796円。なお、この金額は、Hの購入株価と同額である。）は、評価通達に定める類似業種比準方式に準じて算出された価格（806円）と純資産価額（資産の額と負債の額との差額）から算出された価額（796円）とを比較した上で決定されたものであることが認められるが、JはE銀行の関連会社であり、HはI銀行の関連会社であることを考えると、本件売買実例は、実質的に見れば、

わずか 3 つの取引事例というのにすぎず、この程度の取引事例に基づいて、主観的事情を捨象した客観的な取引価格を算定することができるかどうかは、そもそも疑問であるといわざるを得ない（なお、この種の主張は、他の訴訟において課税庁自身がしばしば主張しているものであることは当裁判所に顕著である。）。この点につき、被告は、本件売買実例においては、類似業種比准方式（ママ）に準ずる方式や純資産を基準とする方式によって算定された株式価格に基づいて売買価格が決定されているのであるから、その価格は客観性を有するという趣旨の主張をしているが、これらの評価方法は、評価通達において、同族株主以外の株主が取得した株式の評価方法としては必ずしも適当ではないものとして位置付けられていることは既に指摘したとおりなのであるから、類似業種比准方式（ママ）や純資産方式が、株式評価方法として一般的な合理性を有しているから、それに基づく価額が、本件株式の価額を決定するに足りる客観性を有するとするのには論理の飛躍がある。むしろ、ここで問題とされるべきなのは、本件売買実例には、同族株主以外の株主として、配当収入以外には期待すべきものがないにもかかわらず、その取得株式を類似業種比准方式（ママ）や純資産方式に基づいて算定した価額によって評価することが正当化されるほどの客観性が備わっているかどうかという点であるところ、この点を肯定するに足りるだけの事情は認められないものといわざるを得ない。もっとも、同族株主以外の株主という点では、E 銀行、I 銀行及び G 銀行も原告と異ならないわけであるから、これら 3 行がなぜ高額な対価によって B の株式を取得したのかについては疑問がないとはいえないので、念のためこの点について検討してみると、I 銀行とその系列の H が B の株式を譲渡人から譲り受けるに際しては、B が I 銀行から 2 億円程度の借入を実施することが株式売買の条件とされており、現に、株式売買後の平成 6 年 9 月には I 銀行から B に 2 億円の融資が実行され、当該融資実行当時の利息を基準にすると、I 銀行と H が支払った株式売買代金合計3980万円は、6 年 2 か月のうちに利息収入によって回収することが可能であったものであり、I 銀行（その後東京 I 銀行に統合された銀行を含む。）の B に対する融資はその後も継続され、平成13年には融資残高が10億4000万円（B の借入残高全体のうちの23パーセント）になったことが認め

られ、他方、E 銀行が B の株式を譲渡人から譲り受けるに際しても、同じ
ころに株式を譲り受けた G 銀行とともに、その他の銀行との取引を極力両
銀行に集約するという了解が B との間に存在し、E 銀行及び G 銀行（その
後 E 銀行に統合された銀行を含む。）の B に対する融資残高は、平成 6 年の
株式売買当時は19億円であったものが、平成13年には30億9000万円となり、
B の借入残高全体に占める割合も、平成 6 年当時には58パーセントであった
ものが、平成 9 年以降は70パーセント前後ないし80パーセントを超える割合
となり、借入以外の取引についても、平成 8 年に B の東京勤務社員の活動
費振込口座を E 銀行大森支店に開設するなどの取引が継続して行われてい
ることが認められるから、<u>これらの取引上の見返りに対する銀行側の期待が</u>
<u>株価の決定に影響した可能性は十分に考えられるところであるし</u>（※下線筆
者）（なお、被告は、原告も、A と B との取引の継続を期待して本件株式を
取得したのであるから、その利益状況は、上記 3 行と異ならないと主張する
かもしれない。しかしながら、A と上記 3 行とで期待する経済的利益が同
一であるとは限らないうえ、取引の相手方である法人そのものが株式を取得
した場合と、その代表者等が株式を取得した場合とでもその利益状況は異な
るものというべきであるから、上記の主張もそのまま採用することはできな
いものといわざるを得ない。）、さらに、株価の決定に当たって法人税の課税
処理上の考慮が働いた可能性も考えられる。被告は、譲渡人側が相続・事業
承継対策のために銀行側に保有株式の買い取りを申し込んだことが本件売買
実例に係る売買取引成立の端緒となったことから、売主側に売却すべき事情
があることを知っていた買主があえて通常の取引価格より高い金額で取引し
たとは考えられない旨を主張するが、<u>買主の側に上記のような見返りの期待</u>
<u>がある場合には、売買取引の成立を確実なものにするために、あえて売主に</u>
<u>有利な高い価額を提示することもあり得ることであるから、被告の主張する</u>
<u>ようには直ちには断定できない。</u>（※下線筆者）

［4］

代物弁済等

Q15 代物弁済と役員借入金相殺の典型事例

代物弁済と役員借入金相殺の典型事例についてご教示ください。

Answer

　具体的な仕訳は下記となりますが、物である以上、当該評価額は時価として正しいかという不確定概念が介入します。対象物は土地や自社株などが中心になると想定されますが、それぞれの物の税務上適正評価額の相場観に慣れている方向けの手法といえます。

【解 説】

　下記が典型事例です。数値は全て仮値です。

・代表取締役社長が5,000万円を法人へ支援（法人にとっては資金借入）
・同時に銀行借入金の返済を終了させる
・それに伴い事業用土地に設定されていた抵当権も解除済み
・役員借入金は5,000万円について事業用土地による代物弁済を予定。ただし、当該土地の帳簿価額は2,000万円、時価は3,000万円

　代物弁済は固定資産等を譲渡することだから、時価譲渡となります。したがって、税務上の仕訳は、

（借方）		（貸方）	
役員借入金	5,000万円　／	事業用土地	2,000万円
	／	固定資産譲渡益	1,000万円
	／	債務免除益	2,000万円

（借方）		（貸方）	
役員借入金	5,000万円　／	事業用土地	2,000万円
	／	譲渡益	1,000万円

　　　　　　　　　　　　／　債務免除益　　　2,000万円

となります。

　なお、当該事業用土地の時価が高い、仮に7,000万円と想定すると

　　　　　　　　（借方）　　　　　　　　　（貸方）

　　役員借入金　　　5,000万円　／　事業用土地　　2,000万円

　　贈与 OR 役員給与　2,000万円　／　譲渡益　　　　5,000万円

となります。高額部分については原則贈与になりますが、今回債権者が役員のため、役員賞与になります（損金不算入）（民法482、法法34）。

　なお、代物弁済は資産の譲渡等のため消費税対象になります。上掲では代物弁済により消滅する5,000万円が課税売上高となります（消法2①八かっこ書、消令45①、45②一、消通5-1-4、民法482）

（参考）

退職金を、法人所有のマンションで支給した場合の税務上の取扱い[4]

［平成27年4月1日現在法令等］

Q．質問

　今度役員が退職します。退職金に代えて、社宅のマンションを与えることにした場合、税務上どのように取り扱えば良いですか。

A．回答

　1．法人税株主総会で決議された退職金額が、マンションで代物弁済されるものと考えます。退職金額とマンションの簿価との差額は、譲渡益となる場合には益金、譲渡損となる場合には損金となります。また、マンションの時価が退職金の額を上回った場合（過大退職金）、上回った部分の金額は損金の額に算入されませんので、申告書別表4で加算することになります。例えば退職金が3,000万円でマンションの等価2,000万円

---

[4]　日本税理士会連合会、公益財団法人日本税務研究センター https://www.jtri.or.jp/counsel/detail.php?id=325より引用しています。

の場合、

　　（退職金）3,000万円／（未払金）　　　　　3,000万円

　　（未払金）3,000万円／（土地建物マンション）2,000万円

　　　　　　　　　　　　　　　（譲渡益）　　　1,000万円

2．消費税退職金の支払に代えて不動産を給付することは、代物弁済として資産の譲渡に該当しますので、建物部分は消費税の課税対象となります。

3．源泉所得税

　マンションの時価相当額から退職所得控除額を差引き、退職金の源泉徴収税額を計算することになります。

4．譲渡所得関係

　マンションの給付を受けた役員の当該マンションの取得費は、法人で決議された退職金額となります。

参考条文等

　法人税法　第34条第2項消費税法　第2条第1項第8号所得税法　第36条、第38条

Q16　代物弁済における取引相場のない株式の評価

> 代物弁済における取引相場のない株式の評価についてご教示ください。

Answer

　法人⇒個人への移転のため、法人税基本通達4－1－6での評価となります。

【解 説】

　取引相場のない株式、ここでは特に自社株で弁済する場合もあります。しかし、その後の自社株対策という論点が新たに登場するため、そこまで加味する必要があります。

　「当該代物弁済によりオーナー（社長）が手放した相続財産」対「代物弁済受入れ後の株価による相続財産」のシミュレーション次第では実行することもありえます。

（参考）

　債務者の債務超過を減少させるべくオーナー（社長）が私財提供を行うケースも想定されます。この場合、不動産、有価証券などの私財提供を行う際には、所得税法第59条のみなし譲渡を考慮して計算する必要があります。

　オーナー（社長）が債務者法人から借入れをしている場合（オーナー貸付金）、保証債務の履行のために行ったわけではないため所得税法第64条第2項の特例は使えません。

　資産譲渡益に対する対応が別途求められることになります。

（参考）

▶法人⇒個人間、法人⇒法人間売買の自社株の税務上適正評価額

　税務上の適正評価額は「譲受人ベース」での「譲受直後の議決権割合」で判定します。原則が法人税基本通達9−1−14又は法人税基本通達4−1−6、例外が配当還元方式です。みなし贈与認定は適正時価の約80％程度です。

　法人税基本通達4−1−6（9−1−14）又は合併比率、交換比率、交付比率の算定、第三者割当増資の1株当たり価額算定等に利用されます。

法人税基本通達4−1−6
（市場有価証券等以外の株式の価額の特例）

　法人が、市場有価証券等以外の株式（4−1−5の(1)及び(2)に該当するものを除く。）について法第25条第3項《資産評定による評価益の益金算入》の規定を適用する場合において、再生計画認可の決定があった時における当該株式の価額につき昭和39年4月25日付直資56・直審（資）17「財産評価基本通達」（以下4−1−6において「財産評価基本通達」という。）の178から189−7まで《取引相場のない株式の評価》の例によって算定した価額によっているときは、課税上弊害がない限り、次によることを条件としてこれを認める。

(1)　当該株式の価額につき財産評価基本通達179の例により算定する場合（同通達189−3の(1)において同通達179に準じて算定する場合を含む。）において、当該法人が当該株式の発行会社にとって同通達188の(2)に定める「中心的な同族株主」に該当するときは、当該発行会社は常に同通達178に定める「小会社」に該当するものとしてその例によること。

(2)　当該株式の発行会社が土地（土地の上に存する権利を含む。）又は金融商品取引所に上場されている有価証券を有しているときは、財産評価基本通達185の本文に定める「1株当たりの純資産価額（相続税評価額によって計算した金額）」の計算に当たり、これらの資産については当該再生計画認可の決定があった時における価額によること。

(3)　財産評価基本通達185の本文に定める「1株当たりの純資産価額（相続税評価額によって計算した金額）」の計算に当たり、同通達186-2により計算した評価差額に対する法人税額等に相当する金額は控除しないこと。

（基本的な課税関係）

○時価による譲渡（民法555売買）（譲渡価額＝時価）

・譲渡価額から取得価額及び譲渡費用を控除した差額が益金の額又は損金の額・譲渡利益額又は益金の額・譲渡損失額又は損金の額（法法22②、61の2）

・購入代価が取得価額（所法48、所令109①三）

○時価より低い価額で譲渡（譲渡価額＜時価）

・時価が譲渡収入（法基通2-3-4）

・譲渡価額と時価との差額は寄附金（法法37⑧）

・役員等への経済的利益の供与（法基通9-2-9(2)）

・購入代価が取得価額（所法48、所令109①三）

・経済的利益の享受（所基通36-15(1)）

・購入代価と時価との差額は一時所得等（所基通34-1(5)）、（業務に関して受けるもの及び継続的に受けるものは給与等の所得課税）

○時価より高い価額で譲渡（譲渡価額＞時価）

・時価が譲渡収入（法基通2-3-4）

・譲渡価額と時価との差額は受贈益（法法25の2②）

・受贈益が生じると法人の株主へのみなし贈与（相基通9-2）

・時価が取得価額（所法48、所令109①三）

・購入代価と時価との差額は法人への贈与

○贈与（民法549）（譲渡価額＝0）

　・時価が譲渡収入

　・時価相当額が寄附金（法法37⑧）、（業務に関して贈与するもの及び継続
　　的に贈与するものは給与等の損金の額）

　・時価が取得価額（所法48、所令109②三、評基通1）

　・一時所得（所基通34−1⑸）、（業務に関して受けるもの及び継続的に受け
　　るものは給与等の所得課税）

Q17　代物弁済における土地建物の時価

代物弁済における土地建物の時価について教えてください。

Answer

一般的には土地に関しては概算公示価格、建物については複数の手法があります。しかし、時価＝客観的交換価値であることを疎明できればいずれを採用しても問題にはなりません。

なお、本稿脱稿時点では詳細が不明ですが、令和5年度税制改正大綱によりいわゆるタワマン節税ができるような土地建物については通達改正が入る予定です。将来は当該通達に従って評価する場合もあります。

【解　説】

1　土地について

　〇相続税評価額

　〇相続税評価額÷80％≒概算公示価格

　〇鑑定評価額

　　※親族間等での売買価格の算定や相続発生時に相続税評価額が実態を表現していない場合に利用可能性あり。

　〇取引事例を基にした価額近隣の取引事例を集約して、それを基にして算定した金額

　〇不動産業者からの買付証明書を複数取得し、その平均値を採用

が一般的には一義的に考慮される価額です。

　しかし、当事者間での合意価額では、同族特殊関係者間では恣意性が介入するため利用できません。実務上、便宜的に概算公示価額をとることが多いと思われますが、金額的重要性の見地から規模感がある土地については、実費発生の問題はあるものの鑑定評価をとるべきです。取引事例についても不動産鑑定士に依頼することになりますが、サンプル抽出の問題で

当局から指摘を受けることはあるかもしれません。

2　建物について

○相続税評価額

○未償却残高

○再調達価額－減価償却額

　　※売買を行う時点で仮に増築した場合の価額（再調達価額）から経過
　　　年数に応じた減価償却額を差し引いたものになります。下記の計算
　　　が必要となります。

　　　建築価額を求め、居住用建物に適用される耐用年数により控除した
　　　未償却残高

　　　→標準建築単価　国税庁「建物の標準的な建築価格表」を利用

○鑑定評価額

　　※親族間等での売買価格の算定や相続発生時に相続税評価額が実態を
　　　表現していない場合に利用可能性あり。

○当事者間での合意価額

　同族特殊関係者間では本来的には「再調達価額－減価償却額」が望まし
いと考えられます。理論上もっとも正しいからです。なお、土地と同様に
金額的重要性の見地から規模感がある建物については、実費発生の問題は
あるものの鑑定評価をとるべきです。

[5]

第二会社方式[5]

5 　【参考文献】
・佐藤信祐『不動産 M&A の税務』（日本法令　2019年）
・阿部泰久・山本守之「企業組織再編税制の考え方と実務検討」（税務弘報49巻 6 号　2001年）
・朝長英樹『企業組織再編成に係る税制についての講演録集』（日本租税研究協会　2001年）
・角田晃「都道府県税関係　会社分割における従業者要件の判定」（税68巻 2 号　2013年）
・朝長英樹（編著）『会社分割実務必携』（法令出版　2014年）

Q18　第二会社方式を用いた役員借入金消去

第二会社方式を用いた役員借入金消去についての現実論をご教示ください。

Answer

　理論上はできないこともありませんが、現実論としてはうまくいかない事例のほうが多いと思われます。

　なお、ここでの第二会社方式は平成29年度改正による会社分割を想定しています。

【解　説】

　第二会社方式は主に事業再生の局面で用いられる手法です。

　一般的には、分社型分割又は事業譲渡により赤字子会社の資産とそれに相当する負債を受皿会社に対して譲渡、そして残存する赤字子会社の負債について清算手続きにより切捨てをさせるという手法をいいます。

　分割法人について、解散することが見込まれていることから、分割法人と分割承継法人の完全支配関係及び支配関係が継続することが見込まれていません。したがって、完全支配関係での適格分社型分割及び支配関係での適格分社型分割のいずれにも該当しないことになります（法令4の3⑥⑦）。

　また、分割法人は分割承継法人株式をスポンサーに譲渡することを見込んでいるため、株式継続保有要件も満たしません。この結果、共同事業を営むための適格分社型分割にも該当しません（法令4の3⑧六ロ）。

　以上より、第二会社方式において分社型分割を採用した場合、資産、負債の受皿会社への移転は時価ということになります。事業譲渡を採用した場合でも同じく時価移転となります。

　この手法は金融機関からの借入金の整理において専ら使われます。これ

と同じような文脈で語られるものとして、オーナー（社長）からの借入金の整理としての利用可能性であり、本稿の主題となります。

　この点につき、後述の理由で、一般的には利用可能性はいまだに低いと考えられます。

　分割法人を整理するこのプランニングは、清算手続きを円滑に終了させることを目的とします。そのため、分割法人に残す債務については、オーナー（社長）からの借入金や債権の切捨てに同意している金融機関からの借入金のみとするのが通常です。債権の切捨てに同意していない金融機関からの借入金を分割法人に残した場合、金融機関が民法上の詐害行為取消請求権の行使をしてくることが想定されるからです。

　平成29年度税制改正に係る適格分割型分割を利用した第二会社方式についても、限定的な事例になると想定されます。グループ内の分割型分割に該当していることが税制適格とされるための前提となりますが、それに該当させるためには、支配株主とその親族等が分割承継法人の発行済株式の過半数を継続して保有し続ける必要があります。

　事業再生の局面では原則としてスポンサーが介入します。当該スポンサーが入ることにより、支配株主とその親族等が分割承継法人の発行済株式の過半数を継続して保有することができないといった可能性が非常に大きくなります。この場合、税制非適格になりうるという問題が生じるのです。

Q19 分割型分割と第二会社方式

分割型分割と第二会社方式の基本、実現できる可能性についてご教示ください。

Answer

Q18では現実的には適用できる局面が限定されるのではないかと想定しておりますが、別のいくつかの角度から全くできないか、について検証します。解説のとおり一定の要件下においては実現できる可能性もあります。

【解 説】

平成29年度税制改正により、グループ内の適格分割型分割に該当した場合、支配株主が分割承継法人株式の発行済株式の全てを直接又は間接に継続して保有することが要件となり、分割法人株式の継続保有は税制適格を担保するための要件として要求されなくなりました（法令4の3⑥二、⑦）。

これを受け、平成29年10月1日以降の分割型分割においては下記のプランニングを採用することが可能となりました。不動産M&Aや事業承継型M&Aの手法としては一般的な手法です。M&A対象資産、M&A対象外資産、両者とも含み益がある場合、以下の手法を一義的に検討するのが通常だからです。

STEP1　税制適格分割型分割により、事業を移転（分割承継法人）。

STEP2　残存する会社（分割法人）については特別清算による解散（不動産M&Aや事業承継M&Aでは当該株式を第三者へ売却）。

平成29年度税制改正により、第三者売却でも当初税制適格は担保される。

上記の手法のメリットは一般的に下記のように整理されます。

① オーナー

・会社分割実行時は、課税関係は生じない。

・分割法人株式売却における課税関係は、株式譲渡スキームと同様となる。

・M&A 対象外の資産に含み益がある場合、税負担なく分割承継法人に残すことが可能となる。

・税制適格に該当した場合は、分割型分割（その他、租税法上で定義される組織再編成全て）、（旧）株主の「投資が継続」されたと考える（みなされる）ので、課税繰延べされる。結論でいえば、税制適格に該当した場合、株主課税は生じない。

　税制非適格に該当した場合、新株式を旧株主に現物配当するため、みなし配当が生じるとの見解もあるが、朝長英樹（編著）『会社分割実務必携』（法令出版　2014年）488〜491頁では、「割当対象の分割承継法人の株式等を分割法人株式の譲渡の対価とみるか、配当とみるか」について「株主は法人の処理と関係なく株式を譲渡することができるが、配当は、法人の処理と関係なく任意に行うことは不可」とし、「分割法人から移転する資産負債が時価譲渡され、対応する純資産の部の金額が分割承継法人に（自動的に）引き継がれず分割法人の株主に交付されるため、払込資本を超える部分がみなし配当」（上掲朝長490〜491頁）と述べられている。

② 買収会社

・流通税等の負担が比較的低減できる可能性がある。

・対象会社の繰越欠損金を利用できる。

③ 対象会社

・会社分割実行時に譲渡損益は生じないことから、課税関係は生じない。

・会社分割実行時に消費税等の課税関係は生じない。

④ 分割承継法人

　　・一定要件を充足することで、不動産取得税は非課税となる余地があ
　　　る。

　Q18で述べた理由によりそのままでは採用することが困難に思えます。
　ただし、下記について検討事項はあるものの、当該対応いかんによって
は、平成29年度税制改正による第二会社方式の採用検討余地はありえま
す。

　上掲のように平成29年度税制改正に係る適格分割型分割を利用した第二
会社方式は、グループ内の分割型分割に該当していることが税制適格とさ
れるための前提となります。それに該当させるためには、支配株主とその
親族等が分割承継法人の発行済株式の過半数を継続して保有し続ける必要
がありますが、当該条件を仮にクリアしている場合、当該手法も考慮対象
となります。レアなケースかもしれませんがスポンサー等々が介入しない
場合等々です。

　この手法を採用した場合、オーナー（社長）からの借入金が残ります。
清算結了に伴い、債務超過法人に残存したオーナー（社長）からの借入金
は切り捨てられます。

　債務超過会社に金融機関からの借入金が残る場合、オーナー（社長）が
保証債務を履行することになります。なお、オーナー（社長）が所有する
資産を譲渡することにより保証債務を履行するときは、オーナー（社長）
が所有している資産の含み益に対し、譲渡所得税が課税されます。

　これにつき所得税法第64条第2項では、保証債務を履行するため資産の
譲渡を行った場合において、その履行に伴う求償権の全部又は一部を行使
することができないときは、その行使することができない金額について、
譲渡がなかったものとして取り扱うという特例があります。

　しかし、この特例について詳細な適用要件が課されているため、その実
行実現について慎重な対応が必要となります。現実論として所得税法第64
条第2項適用の際は当局調査において事実認定に持ち込まれることがほと

んどだと想定されます。

（参考）

▶一般的な事業再生について

　第二会社方式よりストレートな事業再生手法として直接放棄方式があります。

　直接放棄方式を採用すると、債権者による債権放棄により、債務者企業では債務免除益が生じます。この債務免除益は、課税所得計算上は、益金の額に算入されますが、通常、当該債務免除益課税を回避するため、債務免除益に相当する損金を生じさせ、課税所得の圧縮を図ります。実現損失の損金算入以外に下記のような措置が講じられます。

　①　繰越欠損金の損金算入（法法57）

　②　特例欠損金（期限切れ繰越欠損金）の損金算入（法法59）

　③　資産の評価損益の損金算入、益金算入（法法25、33）

　このとき、資産、負債の含み損に相当する金額を損金の額に算入できない場合もあります。このような場合、はじめて第二会社方式を採用することを検討することになります。というのは、第二会社方式においては、債務者企業の資産、負債の含み損の全てが実現することになるため、直接放棄方式のような、債務免除益と相殺できるだけの損失を認識できないということは生じないからです。

（参考）

▶会社分割と不動産取得税

　上記のように受皿会社に事業を移転させることになるが、分社型分割においては、不動産取得税、登録免許税が発生し、事業譲渡においても、不動産取得税、登録免許税、消費税は発生します。

　なお、分社型分割においては、一定の要件を満たせば、不動産取得税は非課税となります（地法73の7二、地令37の14）。

　不動産取得税の非課税要件として特に留意したいのは、支配関係継続要件です。

　分割に係る不動産取得税の非課税要件は、法人税法上の分割の適格要件（支配関係者間の適格要件）と似ているが、同一ではありません。不動産取得税の非課税要件には支配関係継続要件は課されていません。

　この結果、法人税法上は支配継続要件を満たさず非適格分割に該当しても、不動産取得税は非課税として扱われることもあります。

　不動産取得税の非課税要件においては「主要資産負債移転要件」についても論点となりえます。この点については、会社分割における支配関係内の税制適格要件（法法2十二の十一）の1つである主要資産等引継要件と異なり、議論が累積されておりません。

　この主要資産等引継要件（法法2十二の十一ロ(1)）については下記のような考え方があります。

　「売掛金・買掛金のように流動性が高く、かつ、分割承継法人に移転しなくても、分割事業の継続に何ら支障がない資産及び負債は「主要資産負債」に含まれない」というものです（佐藤信祐『不動産M&Aの税務』（日本法令　2019年）54頁、阿部泰久・山本守之「企業組織再編税制の考え方と実務検討」（税務弘報49巻6号30頁　2001年））。

　この点、朝長英樹氏は『企業組織再編成に係る税制についての講演録集』（日本租税研究協会　2001年）23頁において現行の法人税基本通達1−4−8は「分割法人又は現物出資法人が当該事業を行う上での当該資産、負債の重要性」だけではなく「当該資産、負債の種類、規模、事業再編計画の内容等を総合的に勘案して主要な資産負債に該当するか否か」の判定を行うというスタンスである趣旨の見解を示しています。

　上記は法人税法における会社分割に係る要件の解釈についての議論であり、不動産取得税の非課税要件については射程外です。

　しかし、上掲の解釈は取得税の非課税たる趣旨に合致することになることから、課税実務では問題は生じにくいと考えられます。一方、不動産取

得税の非課税要件で他の要件の１つでもある従業者従事要件（地法73の7二、地令37の14）は課税実務でも問題になりえます。不動産部門に従業者がいないことが通常だからです。

　この点、佐藤氏は、角田晃「都道府県税関係　会社分割における従業者要件の判定」（税68巻2号71頁　平成25年）の見解等を踏まえ、従業者がそもそも存在しない場合には当該要件は要求されない旨を指摘しています（上掲佐藤76頁）。

　また、法人税法と地方税法で同様に解することが可能かは争いがあるとも指摘していますが、上記の見解は至極妥当です。従業者従事要件を充足するため、そもそも従業者がいない状態からいる状態を敢えて作出することなどあり得ないからです。

　これに関連して従業者がいない場合、事業継続要件も満たさないとの見解もあるようですが、「従業者が存在しなくても、反復継続的に計上される売上げがあり、会社分割後も、当該売上げが継続することが見込まれること」（上掲佐藤76頁）により要件を満たすと考えられます。理由は上掲の筆者の見解と同様です。

（参考）
▶登録免許税

　登録免許税については、登録免許税の課税対象となる権利等のうち、当該移転登記（登録）費用が、特定業種の組織再編成においては、必ず検討しなければならない項目があります。

　登録免許税法別表第一における、「不動産の抵当権」「不動産の賃借権」「船舶」「航空機」「特許権」「商標権」「著作権」などです。金額が多額になるケースもあり、慣れている司法書士に早めにシミュレーションを依頼すべきです。

（参考）

▶事業再生と組織再編成に関する基本論点

1）親子会社合併と第二会社方式

　親会社が債務超過であり、子会社が資産超過である事例を想定します。子会社が保有している資産、不動産等々を売却することで、親会社の借入金を返済することを予定している場合があります。

　子会社が現金化を急ぐと、当該譲渡益に係る税の負担が生じます。そこで親と子を合併してから、解散、清算を行うことが考えられます。合併前にシミュレーションが必要ではあるが、合併後も債務超過であることが見込まれる場合、当該不動産の譲渡益と特例欠損金とを相殺することができるからです（法法59③）。

　同一の者によって合併法人と被合併法人の発行済株式の全てが保有されている場合、完全支配関係での合併に該当するためには、合併後も完全支配関係が継続することが要求されています（法令4の3②二）。

　これに対し、一方の法人が他方の法人の発行済株式の全てを保有している場合、完全支配の継続は要求されません。合併の直前の完全支配関係のみで判定されるからです（法令4の3②一）。

　親法人を合併法人として、完全支配関係のある子法人を被合併法人とする吸収合併を行った後、解散を見込んでいる場合においては、完全支配関係での適格合併に該当します。

2）兄弟会社合併と第二会社方式

　上掲1）では親子会社合併について税制適格が担保されることを述べました。この親法人、子法人が親子ではなく兄弟関係であったとします。

　例えば、頂点株主として同一の者（例えば、同一の個人）が兄法人と弟法人の発行済株式を全部所有しているとします。この兄弟会社が合併した場合、合併後に、完全支配関係が継続することが見込まれるこ

とから、税制非適格合併に該当することになってしまいます。

　この場合、まずは資産超過である方の法人が、債務超過である法人の株式全部をいったん備忘価額1円で取得します。そして全部を取得した100%親子関係になった後に合併をします。そして、その後に解散するという手法があります。

　この場合においては、税制適格の判定上、合併の直前に完全支配関係又は支配関係のある親子関係が成立していない場合、合併後に完全支配関係や支配関係が継続することまで求められていないため、税制適格が担保されます。

［6］

貸付金（役員借入金）を親族へ贈与

Q20　貸付金（役員借入金）の親族贈与の留意点

> 貸付金（役員借入金）を親族へ贈与する場合の留意点は何でしょうか？

Answer

　前章までで役員給与減額での精算や債務免除等々が最もオーソドックスと解説しましたが、この手法も典型的な手法であり、多くの税理士が行っていると想定されます。しかし、筆者は当該手法を積極的には用いません。

【解 説】

　筆者がこの典型的な手法を用いない理由は多々あります。

　まずはそもそも役員借入金の性格上の問題です。役員借入金が蓄積されてきた会社について、当該役員借入金は価値あるものでしょうか。

　・実在性
　・網羅性
　・評価の妥当性

という観点から確認します。

　実在性という点について、これが原始金銭消費貸借契約が存在し、それを返済計画どおり法人が返済しているのであれば、実在性は担保されている可能性があります。しかし、多くの中小企業ではこれに係る実在性を実感できていないと想定されます。

　定期的に返済されているなら、貸付金を親族へ贈与しても、当該親族はその返済を受けることができますから、問題は生じません。しかし、実在性が何も担保されていない債権を贈与されたところで法人から返済されてくる目途はありません。累積されていればされているほどそうなることになるでしょう。

　役員借入金をそのまま残しておくと二次相続でも影響が出る可能性があ
りますし、それが相続対策ではよく問題視されますが、上掲の状態の場合
では事実上、同じ問題が生じえます。

　なお債権という性格から相続人へ分散すればするほど、将来の返済請求
リスクは必然的に高まります。

　網羅性という点について、これも役員借入金の性格が帳簿上の数値に依
拠していることに問題の根源があります。中小企業においては弾力勘定科
目として役員借入金を扱っているところが圧倒的に多いと想定されます。
特にオーナー（社長）１人法人等は帳簿の信憑性が大きく欠如します。性
格も内容も出典不明な債権をほしがる相続人はまずいないと想定されま
す。

　そして評価の妥当性について、相続財産の評価においては、帳簿価額で
そのまま評価されてしまうことは先述どおりですが、これが上掲の理由で
実質無価値、すなわち法人からの回収が事実上不可であれば何の意味もな
いことになります。

Q21 貸付金（役員借入金）の親族贈与の手法

> 貸付金（役員借入金）を親族へ贈与する手法を利用してもよい状況を
> 教えてください。

Answer

　筆者は当該手法を積極的には用いません。しかし一定の条件を確認した
場合、利用することも稀にあります。債権回収可能性の高いケースです。

【解 説】

　現在進行形で債権回収が定期的になされていれば特段問題は生じ得ない
ように思えます。しかし、中小企業なので完済しきるまでそれが続くとは
限りません。

　そうなると債権額回収までの期間、（比較的）安定的収入が入ると見込
まれる業種に限定されます。中小企業におけるその最たるものは不動産賃
貸業ぐらいではないかと思われます。

　もちろん債権額回収までの期間だけでも業績好調でキャッシュフローが
回っていることがわかっている状況であれば上掲業種に限定されません。

Q22　貸付金消去が追い付かず貸付金を遺贈

> 生前、貸付金の消去が追い付かず、貸付金を遺贈することになって
> しまった場合に留意すべき事項について教えてください。

Answer

　株価計算に影響を与えます。自社株と貸付金を同時に遺贈することにな
る場合、下記の裁判例について必ず参照します。

【解　説】

　生前に貸付金消去が追い付かない場合、当該貸付金を遺贈してしまう、
という手段も考えられます。下記の裁判例は論点が非常に多岐にわたりま
すが、上掲についてのみ抽出しますと、問題となるのは株価計算です。

（TAINZ コード　Z888－2382）

東京地方裁判所平成31年（行ウ）第139号　所得税更正処分取消請求事件
（一部取消し）（確定）令和３年５月21日判決【株式の時価（純資産価額）／
遺言により株式と貸付金が同時に法人へ遺贈された場合】

要点

　遺言により株式と貸付金が同時に法人に遺贈された場合、当該株式につい
て所得税法59条１項の「その時における価額」を純資産価額方式で算定する
に当たり、法人に対する貸付金については、当該法人の負債として計上すべ
きとした事例。

　本件は、亡甲が、Ａ社に対し、遺言により、Ａ社の株式（48万株余）及
び貸付金（16億円余）を遺贈し、相続人が準確定申告をした後に更正の請
求（１株1326円）をしたところ、処分行政庁から更正処分（１株2192円）を
受けた事案です。Ａ社の株式について、所得税法第59条１項の「その時

における価額」を純資産価額方式で算定するに当たり、国（被告）は、貸付金債務はA社の負債として計上されない旨主張し、納税者（原告）は、貸付金債務はA社の負債として計上される旨主張しています。

　東京地裁は、A社の1株当たりの純資産価額（相続税評価額によって計算した金額）の計算は、譲渡の直前における各資産及び各負債の価額に基づき行うべきであるとして、貸付金債務はA社の負債として計上すべきであり、遺贈の時における1株当たりの価額は1344円になると判示しました。

概要

判示事項
1　亡甲は、A社に対し、遺言により、A社の株式（48万株余）及び貸付金（16億円余）を遺贈し、甲の配偶者乙（相続人）が、甲の平成25年分の所得税等につき準確定申告をした後に更正の請求をしたところ、処分行政庁から更正処分を受けた。その後乙も死亡した。本件は、乙の妹で相続人である原告が、更正処分のうち株式等に係る譲渡所得等の金額6億7424万5869円、納付すべき税額8052万8500円を超える部分の取消しを求めた事案である。具体的な争点は、A社の株式について、所得税法59条1項の「その時における価額」を純資産価額方式で算定するに当たり、貸付金債務をA社の負債として計上すべきか否かである。
2　本件訴訟は出訴期間を経過した後に提起されたが、乙が出訴期間満了直前において意思能力を有していなかったこと、乙の死亡後、原告が遅滞なく訴訟を提起したこと等の事情に鑑みれば、出訴期間を徒過したことにつき「正当な理由」があると認められる。
3　譲渡所得に対する課税の趣旨に照らせば、本件のような株式保有特定会社の株式の譲渡に係る譲渡所得に対する課税においては、譲渡人が当該株式を保有していた当時における株式保有特定会社の各資産及び各負債の価額に応じた評価方法を用いるべきものと解され、そうすると、A社（株

式保有特定会社）の１株当たりの純資産価額（相続税評価額によって計算した金額）の計算は、当該譲渡の直前におけるその各資産及び各負債の価額に基づき行うべきであると解するのが相当である。

4　被告は、Ａ社の株式の「その時における価額」をその１株当たりの純資産価額によって評価するに当たって、遺贈の直前の状態に基づいて行うべきであるとした上で、本件遺贈の直前においてはもはや甲により遺言の一部が撤回されることは考えられず、貸付金債権がＡ社に移転することが確実な状況であったといえるから、遺贈により貸付金債務が混同により消滅することも、遺贈の直前において確実なものであったといえるとして、貸付金債務をＡ社の負債として計上すべきではない旨主張する。

5　しかし、遺言は遺言者の死亡により初めてその効力が生ずるものであり、遺言者はいつでも既にした遺言を取り消すことができ、遺言者の死亡以前に受遺者が死亡したときには遺贈の効力は生じないのであるから、遺言者の生存中は遺贈を定めた遺言によって何らの法律関係も発生しないのであって、受遺者とされた者は、何らの権利を取得するものではなく、単に将来遺言が効力を生じたときは遺贈の目的物である権利を取得することができる事実上の期待を有する地位にあるにすぎない。このような遺贈の性質に鑑みれば、遺言が作成されてからその効力が発生するまでの間において、遺贈の目的である権利が受遺者とされた者に移転することが確実であるとは通常は考え難いというべきである。

6　また、被告は、遺贈の直前において、甲が遺言の一部（貸付金債権を遺贈する旨の部分）を撤回することがおよそ考えられなかったこと、及び甲が死亡して遺贈の効力が生じた時に貸付金債権がＡ社に移転して混同により消滅することが確実であったことを基礎付ける具体的な事実を主張していない上、本件においてかかる事実はうかがわれない。（※下線筆者）

7　本件貸付金債務が遺贈の直前においていまだ存在していた以上、被告が主張するＡ社株式の価額の増加部分（遺贈に伴う貸付金債務の消滅により生ずる価値の増加部分）は、そもそも遺贈の時点において譲渡人である甲の下に生じている増加益ではないから、譲渡所得に対する課税の対象にはならないものである。（※下線筆者）

8   以上によれば、被告の主張は採用することができず、A社株式の「その時における価額」をその1株当たりの純資産価額（相続税評価額によって計算した金額）によって算定するに当たって、貸付金債務をA社の負債として計上すべきである。

9   平成25年分所得税等の金額を計算すると、株式等に係る譲渡所得等の金額は6億7424万5869円、納付すべき税額は8052万8900円であると認められる。そうすると、本件更正処分のうち上記各金額を超える部分は違法であると認められる。

本文
〜中略〜

争点

　(2)　本案の争点

　　　本案の争点は、本件更正処分の適法性であるが、具体的には、本件株式の「その時における価額」をその1株当たりの純資産価額によって算定するに当たって、本件貸付金債務を本件法人の負債として計上することの適否である〔争点(2)〕。

〜中略〜

裁判所判断

2　争点(2)（本件株式の「その時における価額」をその1株当たりの純資産価額によって算定するに当たって、本件貸付金債務を本件法人の負債として計上することの適否）について

〜中略〜

　(2)　本件における基本通達及び評価通達の適用関係

　　　上記(1)のとおり一般的な合理性を有すると認められる基本通達及び評価通達の各規定に基づいて、本件株式の所得税法59条1項柱書き所定の「その時における価額」を算定する場合には、上記各通達の適用関係は次のとおりとなる。

ア　本件株式は、取引相場のない株式に当たり、また、適正な価額による売買実例のある株式には該当しない（弁論の全趣旨）から、本件株式の「その時における価額」は、本件法人の1株又は1口当たりの純資産価額等を参酌して通常取引されると認められる価額によることとなり、この価額は、原則として、基本通達59-6の(1)〜(4)によることを条件に、評価通達178から189-7までの例により算定した価額となる（基本通達59-6、23〜35共-9）。

　　■■は、本件遺贈の直前において、本件法人の議決権の総数の57.2％の議決権を有しており〔前記前提事実(3)エ〕、「中心的な同族株主」〔評価通達188の(2)〕に該当するから、本件株式の「その時における価額」を算定する場合には、本件法人が「小会社」（評価通達178）に該当するものとして、その例によることとなる〔基本通達59-6の(2)〕。

イ　本件遺贈の直前において本件法人の有する各資産を評価通達に定めるところにより評価した価額の合計額は87億3991万4000円であり、このうち株式及び出資の価額の合計額は50億3606万6000円である（弁論の全趣旨）ところ、後者が前者に占める割合は57.6％である。

　　そうすると、本件法人は株式保有特定会社に該当し〔評価通達189の(2)〕、■■が評価通達189-3の(1)の「S1の金額」と(2)の「S2の金額」との合計額によって評価することの選択をしたことはうかがわれないから、本件株式の価額は、評価通達185の本文の定めにより計算した1株当たりの純資産価額（相続税評価額によって計算した金額）によって評価することとなる（評価通達178、189-3）。

ウ　評価通達185の本文の定めにより計算した1株当たりの純資産価額（相続税評価額によって計算した金額）は、課税時期における各資産を評価通達に定めるところにより評価した価額の合計額から課税時期における各負債の金額の合計額を控除した金額を課税時期における発行済株式数で除して計算した金額であるところ、本件では、本件株式の1株当たりの純資産価額（相続税評価額によって計算した金額）の算定に当たって、本件貸付金債務を本件法人の負債として計上すべき

　か否かが争点である。（※下線筆者）

　　　なお、本件貸付金債務を負債として計上することの適否を除く本件
　　法人の各負債の金額には、当事者間に争いがない。

(3)　本件貸付金債務を本件法人の負債として計上することの適否

　　ア　譲渡所得に対する課税は、資産の値上がりによりその資産の所有者
　　　に帰属する増加益を所得として、その資産が所有者の支配を離れて他
　　　に移転するのを機会に、これを清算して課税する趣旨のものである
　　　〔最高裁昭和41年（行ツ）第8号同43年10月31日第一小法廷判決・裁
　　　判集民事92号797頁、最高裁昭和41年（行ツ）第102号同47年12月26日
　　　第三小法廷判決・民集26巻10号2083頁等参照〕。すなわち、譲渡所得
　　　に対する課税においては、資産の譲渡は課税の機会にすぎず、その時
　　　点において所有者である譲渡人の下に生じている増加益に対して課税
　　　されることとなるところ、所得税法59条1項は、同項各号に掲げる事
　　　由により譲渡所得の基因となる資産の移転があった場合に当該資産に
　　　ついてその時点において生じている増加益の全部又は一部に対して課
　　　税できなくなる事態を防止するため、「その時における価額」に相当
　　　する金額により資産の譲渡があったものとみなすこととしたものと解
　　　される〔最高裁平成30年（行ヒ）第422号令和2年3月24日第三小法
　　　廷判決・裁判集民事263号63頁参照〕。

　　イ　評価通達189-3は、前記(1)ウのとおり、株式保有特定会社のよう
　　　な評価会社の株式の価額がその保有する株式等の価額に依存する割合
　　　が一般に高いものと考えられることを考慮して、株式保有特定会社の
　　　株式の価額は、評価通達185の本文の定めにより計算した1株当たり
　　　の純資産価額（相続税評価額によって計算した金額）によって評価す
　　　るとし、評価通達185の本文は、1株当たりの純資産価額（相続税評
　　　価額によって計算した金額）は、課税時期における各資産を評価通達
　　　に定めるところにより評価した価額の合計額から課税時期における各
　　　負債の金額の合計額に相当する金額を控除した金額を課税時期におけ
　　　る発行済株式数で除して計算した金額とするものとする。評価通達
　　　は、相続税及び贈与税の課税における財産の評価に関するものであ

り、株式保有特定会社の各資産及び各負債の評価の基準時となる上記
課税時期とは、相続、遺贈又は贈与により取得した財産の価額の評価
の基準時となる当該財産の取得の時（相続税法22条）をいうものと解
される。

　これに対し、譲渡所得に対する課税の上記趣旨に照らせば、本件の
ような株式保有特定会社の株式の譲渡に係る譲渡所得に対する課税に
おいては、譲渡人が当該株式を保有していた当時における株式保有特
定会社の各資産及び各負債の価額に応じた評価方法を用いるべきもの
と解され、そうすると、株式保有特定会社の１株当たりの純資産価額
（相続税評価額によって計算した金額）の計算は、当該譲渡の直前に
おけるその各資産及び各負債の価額に基づき行うべきであると解する
のが相当である。

ウ　被告は、本件株式の「その時における価額」をその１株当たりの純
資産価額によって評価するに当たって、本件遺贈の直前の状態に基づ
いて行うべきであるとした上で、①本件遺贈の直前においてはもはや
■■により遺言の一部が撤回されることは考えられず、本件貸付金債
権が本件法人に移転することが確実な状況であったといえる、②仮に
本件貸付金債務を本件法人の負債として計上した場合には、本件遺贈
により生ずる本件株式の価額の増加部分については、本件株式が自己
株式となることとの関係で、将来においてキャピタル・ゲインに対す
る課税がされないこととなり、無限の課税繰延べを防止するという所
得税法59条１項の趣旨を没却し、不合理な結果を招来するとして、本
件株式の「その時における価額」をその１株当たりの純資産価額に
よって算定するに当たっては、本件貸付金債務を本件法人の負債とし
て計上すべきではない旨主張する。

エ　被告の主張のうち上記①について検討すると、遺言は遺言者の死亡
により初めてその効力が生ずるものであり（民法985条１項）、遺言者
はいつでも既にした遺言を取り消すことができ（同法1022条）、遺言
者の死亡以前に受遺者が死亡したときには遺贈の効力は生じない（同
法994条１項）のであるから、遺言者の生存中は遺贈を定めた遺言に

よって何らの法律関係も発生しないのであって、受遺者とされた者
は、何らの権利を取得するものではなく、単に将来遺言が効力を生じ
たときは遺贈の目的物である権利を取得することができる事実上の期
待を有する地位にあるにすぎない〔最高裁昭和30年（オ）第95号同31
年10月4日第一小法廷判決・民集10巻10号1229頁、最高裁平成7年
（オ）第1631号同11年6月11日第二小法廷判決・裁判集民事193号369
頁〕。このような遺贈の性質に鑑みれば、遺言が作成されてからその
効力が発生するまでの間において、遺贈の目的である権利が受遺者と
された者に移転することが確実であるとは通常は考え難いというべき
である。

　　また、被告は、本件遺贈の直前において、■■が遺言の一部（本件
貸付金債権を遺贈する旨の部分）を撤回することがおよそ考えられな
かったこと、及び■■が死亡して本件遺贈の効力が生じた時に本件貸
付金債権が本件法人に移転して混同により消滅することが確実であっ
たことを基礎付ける具体的な事実を主張していない上、本件において
かかる事実はうかがわれない。（※下線筆者）

オ　次に、被告の主張のうち前記②について検討すると、前記イで説示
したとおり、本件のような株式保有特定会社の株式の譲渡に係る譲渡
所得に対する課税において、株式保有特定会社の1株当たりの純資産
価額（相続税評価額によって計算した金額）を計算する場合には、当
該譲渡の直前におけるその各資産及び各負債の価額に基づき行うべき
であるである（ママ）と解するのが相当であるところ、本件貸付金債
務が本件遺贈の直前においていまだ存在していた以上、被告が主張す
る本件株式の価額の増加部分は、そもそも本件遺贈の時点において譲
渡人である■■の下に生じている増加益ではないから、譲渡所得に対
する課税の対象にはならないものである。

　　また、本件遺贈がされた後においては、①本件貸付金債務の消滅に
より本件法人の負債が減少することになるから、本件株式以外の本件
法人の株式の1株当たりの純資産価額（相続税評価額によって計算し
た金額）が増加すること、②評価通達185の本文の1株当たりの純資

産価額（相続税評価額によって計算した金額）の計算においては発行済株式の総数から自己株式の数を控除するものと解されるところ、本件法人の発行済株式の総数から自己株式となった本件株式の数が控除されることにより、本件株式を含む自己株式以外の本件法人の株式の1株当たりの純資産価額（相続税評価額によって計算した金額）が増加することからすれば、本件遺贈がされたことによる本件法人の株式の価額の増加部分は、本件株式を含む自己株式以外の本件法人の株式において生ずるといえる。そうすると、本件株式を含む自己株式以外の本件法人の株式が譲渡された場合には、その時のその価額に応じて、上記増加部分に対する課税がされる可能性があるから、本件遺贈に伴う本件貸付金債務の消滅により生ずる価額の増加部分について譲渡所得に対する課税の機会が失われるとはいえない。(※下線筆者)

　カ　以上によれば、被告の前記主張は採用することができず、本件株式の「その時における価額」をその1株当たりの純資産価額（相続税評価額によって計算した金額）によって算定するに当たって、本件貸付金債務を本件法人の負債として計上すべきである。

(4)　基本通達及び評価通達所定の評価方法によっては本件株式の客観的交換価値を適切に算定することができない特別の事情の有無

　　被告は、仮に基本通達及び評価通達所定の評価方法によれば、本件株式の「その時における価額」をその1株当たりの純資産価額（相続税評価額によって計算した金額）によって算定するに当たって、本件貸付金債務を本件法人の負債として計上すべきであるとしても、①被告の主張する評価方法と原告の主張する評価方法による各本件株式の「その時における価額」に相当の乖離があること、②本件遺贈の直前においては、本件株式と本件貸付金債権が本件法人に移転することが客観的に確実であったことからすれば、本件において基本通達及び評価通達所定の評価方法を画一的に適用すると、本件株式の客観的交換価値を適切に算定することが困難となり、かえって納税者間の実質的な租税負担の公平を著しく害するといえるから、本件においては上記評価方法によっては本件株式の客観的交換価値を適切に算定することのできない特別の事情があ

る旨主張する。

　　しかし、上記①については上記特別の事情に当たるとはいえず、上記
②については、前記(3)エで判示したとおり、本件遺贈の直前において
は、本件株式と本件貸付金債権が本件法人に移転することが客観的に確
実であったとは認められない。（※下線筆者）

　　したがって、被告の上記主張は採用することができない。

（参考）

　実務では下記とセットでこの裁判例を考慮します。

「資産課税課情報 第22号 令和 2 年 9 月30日 国税庁資産課税課
「『所得税基本通達の制定について』の一部改正について（法令解釈通達）」
の趣旨説明（情報）」

https://www.nta.go.jp/law/joho-zeikaishaku/shotoku/joto-sanrin/200930/
200930.pdf

（参考）

▶個人⇒法人間売買の税務上の自社株の税務上適正評価額

　税務上の適正評価額は「譲渡人ベース」での「譲渡直前の議決権割合」
で判定します。原則が所得税基本通達59 - 6、例外が配当還元方式です。

　みなし贈与認定は適正時価の約80％程度です。

所得税基本通達59－6

（株式等を贈与等した場合の「その時における価額」）

　　法第59条第 1 項の規定の適用に当たって、譲渡所得の基因となる資産が
　株式（株主又は投資主となる権利、株式の割当てを受ける権利、新株予約
　権（新投資口予約権を含む。以下この項において同じ。）及び新株予約権
　の割当てを受ける権利を含む。以下この項において同じ。）である場合の
　同項に規定する「その時における価額」は、23〜35共 - 9 に準じて算定し

た価額による。この場合、23〜35共－9の(4)ニに定める「1株又は1口当たりの純資産価額等を参酌して通常取引されると認められる価額」については、原則として、次によることを条件に、昭和39年4月25日付直資56・直審（資）17「財産評価基本通達」（法令解釈通達）の178から189－7まで（（取引相場のない株式の評価））の例により算定した価額とする。

(1)　財産評価基本通達178、188、188－6、189－2、189－3及び189－4中「取得した株式」とあるのは「譲渡又は贈与した株式」と、同通達185、189－2、189－3及び189－4中「株式の取得者」とあるのは「株式を譲渡又は贈与した個人」と、同通達188中「株式取得後」とあるのは「株式の譲渡又は贈与直前」とそれぞれ読み替えるほか、読み替えた後の同通達185ただし書、189－2、189－3又は189－4において株式を譲渡又は贈与した個人とその同族関係者の有する議決権の合計数が評価する会社の議決権総数の50％以下である場合に該当するかどうか及び読み替えた後の同通達188の(1)から(4)までに定める株式に該当するかどうかは、株式の譲渡又は贈与直前の議決権の数により判定すること。

(2)　当該株式の価額につき財産評価基本通達179の例により算定する場合（同通達189－3の(1)において同通達179に準じて算定する場合を含む。）において、当該株式を譲渡又は贈与した個人が当該譲渡又は贈与直前に当該株式の発行会社にとって同通達188の(2)に定める「中心的な同族株主」に該当するときは、当該発行会社は常に同通達178に定める「小会社」に該当するものとしてその例によること。

(3)　当該株式の発行会社が土地（土地の上に存する権利を含む。）又は金融商品取引所に上場されている有価証券を有しているときは、財産評価基本通達185の本文に定める「1株当たりの純資産価額（相続税評価額によって計算した金額）」の計算に当たり、これらの資産については、当該譲渡又は贈与の時における価額によること。

(4)　財産評価基本通達185の本文に定める「1株当たりの純資産価額（相続税評価額によって計算した金額）」の計算に当たり、同通達186-2により計算した評価差額に対する法人税額等に相当する金額は控除しないこと。

（基本的な課税関係）

○時価による譲渡（民法555売買）（譲渡価額＝時価）

・譲渡価額から取得価額及び譲渡費用を控除した差額が益金の額又は損金の額・譲渡利益額又は益金の額・譲渡損失額又は損金の額（法法22②、61の2）

・購入代価が取得価額（所法48、所令109①三）

○時価より低い価額で譲渡（譲渡価額＜時価）

・時価が譲渡収入（法基通2-3-4）

・譲渡価額と時価との差額は寄附金（法法37⑧）

・役員等への経済的利益の供与（法基通9-2-9(2)）

・購入代価が取得価額（所法48、所令109①三）

・経済的利益の享受（所基通36-15(1)）

・購入代価と時価との差額は一時所得等（所基通34-1(5)）、（業務に関して受けるもの及び継続的に受けるものは給与等の所得課税）

○時価より高い価額で譲渡（譲渡価額＞時価）

・時価が譲渡収入（法基通2-3-4）

・譲渡価額と時価との差額は受贈益（法法25の2②）

・受贈益が生じると法人の株主へのみなし贈与（相基通9-2）

・時価が取得価額（所法48、所令109①三）

・購入代価と時価との差額は法人への贈与

○贈与（民法549）（譲渡価額＝0）

・時価が譲渡収入

・時価相当額が寄附金（法法37⑧）、（業務に関して贈与するもの及び継続的に贈与するものは給与等の損金の額）

・時価が取得価額（所法48、所令109②三、評基通1）

・一時所得（所基通34-1(5)）、（業務に関して受けるもの及び継続的に受けるものは給与等の所得課税）

［7］

受益権分離型プランニングによる
元本受益権圧縮後の贈与

Q23　受益権分離型信託を活用した元本受益権の異動

> 受益権分離型信託を活用した元本受益権の異動（贈与、譲渡）につい
> て教えてください。

Answer

本稿脱稿時点では実行すべきものではありません。

受益権分離（複層化）に係るルールが法文、通達など国税庁公式情報で
発遣されるか、何かしらの裁決・裁判例で指針が出るまで待つべきです。

【解　説】

1　受益権分離型プランニングによる圧縮後の元本受益権の贈与

貸付金を信託（民事信託、親族内信託）⇒信託受益権の質的分割⇒元本
受益権の大幅圧縮⇒圧縮後の元本受益権を親族に贈与、というものです。
金融庁から再三税制改正要望が出ているにもかかわらず、受益権の複層化
の立法化は遅れています。そのような状況においても下記の通達を使い
様々なプランニングを試みていることも多いようです。

現行法上、質的分割された場合の複層化信託について、財産評価基本通
達202項に規定があります。

民事信託に係る複層化信託の場合、信託税制上は、相続税法において当
該民事信託を受益者連続型信託以外の信託と受益者連続型信託の二区分と
しています（相基通9の3-1）。

受益権が複層化された信託における現行税制上の評価方法について財産
評価基本通達202項で確認しておきます。

財産評価基本通達202項

（信託受益権の評価）

　　信託の利益を受ける権利の評価は、次に掲げる区分に従い、それぞれ次

に掲げるところによる。（平11課評 2 - 12外・平12課評 2 - 4 外改正）

⑴　元本と収益との受益者が同一人である場合においては、この通達に定めるところにより評価した課税時期における信託財産の価額によって評価する。

⑵　元本と収益との受益者が元本及び収益の一部を受ける場合においては、この通達に定めるところにより評価した課税時期における信託財産の価額にその受益割合を乗じて計算した価額によって評価する。

⑶　元本の受益者と収益の受益者とが異なる場合においては、次に掲げる価額によって評価する。

イ　元本を受益する場合は、この通達に定めるところにより評価した課税時期における信託財産の価額から、ロにより評価した収益受益者に帰属する信託の利益を受ける権利の価額を控除した価額

ロ　収益を受益する場合は、課税時期の現況において推算した受益者が将来受けるべき利益の価額ごとに課税時期からそれぞれの受益の時期までの期間に応ずる基準年利率による複利現価率を乗じて計算した金額の合計額

　現行の受益権評価方式では受益権を分離させることにより節税策をとることは不可能になったともいわれます。

　しかし、その一方で、財産評価基本通達202項は収益受益権の評価損益は元本受益権で吸収されるため、基準年利率を上回る収益率を設定することによって、また信託契約期間を引き延ばすことによって、元本受益権の評価を引き下げ、節税策として用いられる例も散見されます。

　オーナー（社長）が自社の資金調達のために引き受けた社債、すなわち私募債や自社に対する貸付金を信託財産として信託契約を締結することも可能です。その際、社債のように収益が安定した資産を信託財産とするのであれば、その利息部分を受け取る権利と信託満了時に残余財産を受け取る権利とに分離することも可能です。これを受益権分離型信託と呼びます。

　受益権分離型信託の受益権は、信託財産である私募債の元本と信託契約満了時に受け取る権利である元本受益権と信託財産から生じる収益を受け取る権利である収益受益権に分離されたものとなります。

　分離された各受益権は別々に譲渡、贈与することも当然可能です。

　例えば、収益受益者を父親、元本受益者を子供として信託契約を締結すれば、元本受益権を子供に承継することが可能となります（この際、子供に当然、贈与税は課税されます）。

　受益権分離型信託の受益権の評価は上述の財産評価基本通達202項を使います。

　したがって、信託受益権の評価額＝収益受益権＋元本受益権の評価になります。年利率3％の私募債を信託財産として10年の信託契約を締結した場合、収益受益権は「3％の利息を10回受け取る権利」となります。

　したがって、時の経過により収益が実現し、収益受益権の評価額は毎年低下していくこととなります。

　一方、元本受益権は「信託終了時に元本（額面）を受け取る権利」であるため、時の経過とととともに上昇することになります。

　例えば額面20億円の社債を信託し、表面利率は5％と設定し、同率の収益分配を設定します。委託者及び収益受益者は父親、元本受益者は子供とします。信託期間は15年とします。収益受益権は基準年利率によって割引現在価値を計算するので13億8,650万円と評価されます。一方で元本受益権の評価額は20億円から13億8,650万円を差し引き6億1,350万円と評価されます。

　委託者である父親の信託により元本受益者が子供となったので元本受益者の評価額に対して贈与税が課税されるわけです。

　この点、元本の割引現在価値を計算すると17億2,200万円です。すなわち、受益者である子供は約17億円の価値ある財産を無償で受け取ったことになります。

　先ほどの計算例でいえば、元本受益権が6億円という評価額であるとい

うことは、金融資産の評価額が11億円も引き下がることになり大幅な節税効果が発現できたことになるのです。

　なぜこのようなことが起きるのでしょうか。

　それは財産評価基本通達202項の計算ロジックが金融商品の時価評価方法と整合性が取れていないからです。

　平成18年度税制改正前は元本と収益を各々単独で評価していました。当時は割引現在価値を計算するための基準年利率は年8％（改正後4.5％）と非常に高い利率でした。

　この結果、「信託の収益率＜基準年利率」となり、元本受益権の割引現在価値を大きく引き下げることにより節税することが可能であり、これを利用した自社株移転プランニングも数多く見受けられたのです。改正により現行通達になってから従来までの節税策は封じ込められたかのように思われました。

　問題となるのは差引計算方式の基本公式である「信託受益権＝元本受益権＋収益受益権」です。というのは、割引現在価値の計算の前提となるのは収益の割引現在価値と元本の割引現在価値の合計が一致するのは収益の利回りと割引率が一致する場合のみだからです。

　先ほどの例でいえば、額面20億円、償還期間15年の社債を信託財産とした場合、収益分配の利回りが割引率と一致する場合のみ、収益受益権の割引現在価値と元本受益権の割引現在価値の合計額が20億円として一致することになるわけです。

　つまり「信託の収益率＞基準年利率」としその差を大きくすればするほど、元本受益権の相続税評価額は引き下げられることになるのです。

　これは収益受益権が元本受益権の価値を食いつぶしている状況であり、受益者分離型信託の元本受益権を子供に贈与した場合、収益受益権の価値が上昇すればするほど元本受益権の評価が下がることになるということになります。

　これが財産評価基本通達202項の計算ロジックが金融商品の時価評価方

法と整合性が取れていないといった所以です。

　貨幣の時間価値を無視して考慮してみます。収益率10％の金融資産があったとします。収益分配の合計額は20億円×10％×15年＝30億円となります。元本20億円と単純合算すれば50億円です。この金融商品を20億円で評価するというのが現行制度なのです。

　証券投資信託など収益が安定しないような金融商品を信託財産とした場合に、その収益受益権はどのように評価すべきでしょうか。私募債のように安定した収益を推算することができません。

　この点、財産評価基本通達202項は「収益を受益する場合は、課税時期の現況において推算した受益者が将来受けるべき利益の価額ごとに課税時期からそれぞれの受益の時期までの期間に応じる基準年利率による複利現価率を乗じて計算した金額の合計額」と規定しており、「現況において推算」するならば、過去の実績は問われず、将来収益の予測数値を使って収益受益権を評価すればよいとあります。

　つまり、合理的な予測であれば、毎年の収益率が異なる場合もあり得ます。しかし、これは公正価値評価におけるDCF法と同様の発想といえます。

　証券投資信託1,000万円を信託財産として、信託期間10年の受益権分離型信託を設定します。

　予想収益分配金が毎年50万円であれば、収益受益権は複利現価率を使って計算すると約4,812,000円です。

　一方、予想収益分配金が当初2年は100万円で3年目以降は50万円であれば、収益受益権は約5,808,500円と評価されます。

　当該評価方法によれば、信託の収益率をあまりに高額に設定すると信託期間満了時において、元本受益権が当初信託財産の額面を下回るリスクがあるのです。

　また、収益分配に伴う所得税の負担も当然大きくなります。信託財産が生み出す収益は毎年変動するのが通常の考え方と思われます。信託契約で

設定された収益分配を賄うことができない場合、信託元本を取り崩して収益受益者に支払うことになります。

　このため、元本受益者が受け取る元本が毀損し、贈与のために信託を設定した目的が達成できなくなる恐れも過分にあります。

　より極端に受益権が複層化された信託を設定し、その５年後に合意等により信託を終了したときの収益受益権の評価額の算出方法です。委託者＝収益受益者が亡くなることで信託は終了します。

　相続が発生した時には、その時点において残りの信託期間分の収益受益権評価額を算出し、その評価額を相続財産に合算することが求められます。

　信託が終了すれば、信託財産は元本受益者に交付されることになりますが、委託者＝収益受益者が得ることになっていた残り期間分の収益受益権も信託終了時に取得するものとして、信託終了時点の収益受益権の評価額に合算されてしまうのです。

　また、この信託では、信託財産から得られた収益を、収益受益者に交付することになります。信託受益権の評価は信託設定時に行うことになりますが、実際の交付の手続きは信託財産を交付することとして信託契約に定められた信託配当日に信託財産から得た収益より必要経費を差し引いた金額を収益受益者に交付します。収益の交付が信託契約に定められた通り行われない場合、信託設定時に推算した金額と極めて異なる額で信託収益を交付することになるときには、信託受益権の当初評価額が変更される可能性があります。

　課税実務上、資産を承継させる計画を考慮する場合を想定してみます。財産を今直ちに単純贈与すべきか、相続時まで待って移転すべか、もしくは、元本受益権の贈与が良いかが議論されるわけです。

　単純贈与では贈与税負担が大きいがその後の資産所得は受贈者に帰属します。相続では贈与税負担はないが相続税負担があり、相続時点までの資産所得は被相続人に帰属するが、相続により相続人に帰属します。元本受

益権の贈与では元本受益権の贈与税負担が軽く、信託満期までの資産所得は委託者に帰属するが、相続により相続人に帰属します。

　財産の移転をこれらの3ケースに分けて、税率を同じと仮定して受贈者等の資産承継者の受領する税引後の金額を試算してみると、財産の収益力が信託受益権評価の基準となる基準年利率と同じ場合は3ケースにおいてほとんど変わらなかったが、財産の収益力が基準年利率より高い場合は、相続より単純贈与が有利であり、元本受益権の贈与は更に有利となります。

　試算では税込みの信託収益額を計算基礎として収益受益権を評価したので、収益受益権の評価額が割高になり、その結果、元本受益権の評価額が割安になったものと思われます。

　ちなみに、信託収益が源泉分離課税の場合、所得課税の偏頗性から収益受益者は税引後の信託収益額しか受領しません。

　そこで税引後の信託収益額を計算基礎として評価すると、収益受益権の評価額が適正になり、その結果、元本受益権の評価額も適正になり、元本受益権の贈与が有利にならないのです。

　現行の財産評価基本通達202項は「受益者が将来受け取るべき利益の額」としているので、税引後の信託収益額を計算基礎とすべきと思われます。

　税引後の信託収益額は信託所得の種類、受益者の所得水準により異なり、将来の税制改正によっても変わるので、将来受け取るべき利益の額の算定は困難ですが、課税時期の源泉分離課税率が将来も適用されるものと想定して、税引後の信託収益額を推算する方法も考えられます。

　なお、上述については岸田康雄『顧問税理士が教えてくれない資産タイプ別相続・生前対策完全ガイド』（中央経済社（2014/ 6 /13））該当箇所を適宜参照しています。

〈課税実務における留意点〉

　1）収益受益者が得る収益の推算を適正に行う。信託期間は収益受益者

の平均余命で決定する。

２）早期に相続が発生する場合のリスクを説明する。

３）信託の収益率＞基準年利率の差が多ければ多いほど、元本受益権の相続税評価額は少なくなるが、「過度に」行うことは絶対 NG。

　　　↓

「現況で推算」の立証責任は最終的には納税者側にいくはず…

４）最終的に元本受益権がマイナスになる場合もあり得る。この場合の債務控除の適用可能性はない。

【「信託受益権の複層化」に係る税務リスク】

※受益権分離型信託ともいいます。

(1)　信託受益権の複層化とは

　　収益受益権と元本受益権に区分すること…定義は相続税法基本通達９−13

　　収益受益権…信託に関する権利のうち信託財産の管理及び運用によって生ずる利益を受ける
　　　　　　　権利

　　元本受益権…信託に関する権利のうち信託財産自体を受ける権利

　　　⇒信託終了の場合の信託財産の帰属の権利

(2)　収益受益権と元本受益権に分割された場合の相続税評価額の算定方法は財産評価基本通達
　　202(3)にあり。

　　①　元本を受益する者は、この通達に定めるところにより評価した課税時期における信託財
　　　産の価額から、②により評価した収益受益者に帰属する信託の利益を受ける権利の価額を
　　　控除した価額

　　②　収益を受益する場合は、**課税時期の現況において推算**した受益者が将来受けるべき利益
　　　の価額ごとに課税時期からそれぞれの受益の時期までの期間に応ずる**基準年利率**に複利現
　　　価率を乗じて計算した金額の合計額

　　　　土地１億円を信託、20年間、年間300万円の地代が収益受益者に支払われる。
　　　　20年後信託が終了し、元本受益者が土地を取り戻す。
　　　　収益受益権：300万円×18.508＝55,524,000円…(A)、まずこの(A)を算定
　　　　（※）基準年利率0.75％の場合の複利年金現価で算定した場合　18.508
　　　　元本受益権：１億円−55,524,000円＝44,476,000円…総額から上記(A)を差し引
　　　いて求める。

(3)　上記は改正後（現行通達への改正は平成12年６月）

　　従来（改正前）：元本受益権も現在価値に割り引く方法があった。

　　　⇒複層化した場合の受益権の価額の合計額が、複層化しない場合の受益権の価額より少な
　　　くなることを利用した節税策が氾濫。

　　　⇒平成12年６月改正あり。

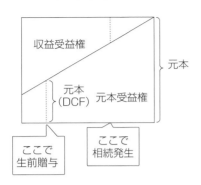

ここで生前贈与

ここで相続発生

(4) 複層化した場合の問題点

① 収益受益権と元本受益権に受益権が分割された場合、信託財産から生じる所得の帰属が収益受益者なのか、元本受益者なのか条文等で定められていない。

② 信託財産や収益・費用は、受益者等において総額法で認識されることとなるが、収益受益権と元本受益権に分割された場合、どのように認識されるか不明。

　プロラタ計算が理屈として整合するが、法文、通達にない以上、現時点で行うことは危険。

（典型例）不動産を信託譲渡した場合の減価償却費

不動産所得における必要経費 vs. 不動産売却時の譲渡所得の取得原価（譲渡費用）

③ 「課税時期の現況において推算した」好き勝手に推算してよいのか。

⇒基準年利率を上回る収益率の設定はどの程度まで許容されるか。

⇒合理的なエビデンスが必要

（例）株式の場合、配当実績、配当性向

　　　不動産の場合、従来賃料

※受益者連続型信託においては下記の評価になる。

　　元本受益権＝０

　　収益受益権＝信託財産の評価額…租税回避防止規定

※収益受益権が法人が有する場合又は収益受益権の全部又は一部の受益者が存しない場合は当該通達は適用されない。

【受益権分離型信託の典型プランニング】

1　典型プランニング

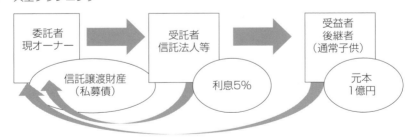

★基準年利率を上回る収益率を設定することで元本受益権の評価を引き下げる。

　委託者兼「収益」受益者：現オーナー

　元本受益者：後継者

★基準年利率を上回る収益率を設定することで元本受益権の評価を引き下げると…

　収益受益権69,325,000（基準年利率を乗じたもの）元本受益権100,000,000－

69,325,000＝30,675,000…(A)

元本の割引現在価値　100,000,000×0.861＝86,100,000…(B)

(A)－(B)＝55,425,000…評価引下げ額

※収益の割引現在価値と元本の割引現在価値の合計が元本（額面）と一致するのは収益の利回りと割引率が一致する場合のみ。

⇒信託の収益率＞基準年利率の差が多ければ多いほど、元本受益権の相続税評価額は引き下げられる。

[イメージ]

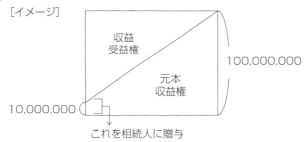

2　税務リスク

上記方法はいわゆる「DCF法」の考え方を取り入れたものである。

すなわち財評通202の「現況において推算」した数値を使えばよい。

⇒「過去の実績は採用せず、将来収益の予測数値を利用して収益受益権を評価すればよい」という考え方

⇒⇒中小企業において DCF法の上記の考え方は容認されにくい。

★1　なぜ、利息が毎年計上されると言い切れるのか？

★2　中小企業の私募債など安定収益を生み出す金融商品と言い切れるのか？

…要は恣意性の介入の余地があるため、合理的な説明・エビデンスは必要でしょう。

　大阪地裁平成23年7月25日判決（UCC ホールディングス事件）は質的分割の判断を一定程度示しています。

　判示は大きく「信託受益権の複層化」と「DD の専門家責任の所在」について提示されています。裁判の主論点となったのは後者になりますが、複層化についても裁判所の見解が述べられている箇所があります。それについてのポイントを列挙します[6]。

　○本事例における信託法上の当事者

6　事案の概要については判示の他、「週間税務通信 No.3563令和元年7月8日号」p.33〜40
も参照しています。

・信託目的財産：シャディ株式
・委託者：シャディ創業者（大株主）
・委託者：USB銀行
・収益受益権者：社団法人日本ボランタリー・チェーン協会
・元本受益者：シャディ創業者（大株主）
・信託期間（30年）

○本事案の信託プランニング

①　当該株式について収益受益権と元本受益権とに複層化

②　収益受益額相当分だけ元本受益権相当額が引き下がった、相続財産の引き下げプランニング。当該収益受益額相当額は日本ボランタリー・チェーン協会に譲渡されている。

③　なお、シャディ創業者が持っていた元本受益権は、UCCによるツインツリー社買収前に、ツインツリー社に売却されている。

○本判決の中での信託受益権複層化の際の当局の見解

①　収益受益権の移転は所得税法第59条の「譲渡」に該当しない。

②　信託契約が中途解約された場合には課税関係も生じ得る（相続税基本通達9-13と同じ）。

相続税基本通達9-13

（信託が合意等により終了した場合）

　法第9条の3第1項に規定する受益者連続型信託（以下「受益者連続型信託」という。）以外の信託（令第1条の6に規定する信託を除く。以下同じ。）で、当該信託に関する収益受益権（信託に関する権利のうち信託財産の管理及び運用によって生ずる利益を受ける権利をいう。以下同じ。）を有する者（以下「収益受益者」という。）と当該信託に関する元本受益権（信託に関する権利のうち信託財産自体を受ける権利をいう。以下同じ。）を有する者（以下「元本受益者」という。）とが異なるもの（以下9の3-1において「受益権が複層化された信託」という。）が、信託法（平

成18年法律第108号。以下「信託法」という。）第164条《委託者及び受益
者の合意等による信託の終了》の規定により終了した場合には、原則とし
て、当該元本受益者が、当該終了直前に当該収益受益者が有していた当該
収益受益権の価額に相当する利益を当該収益受益者から贈与によって取得
したものとして取り扱うものとする。（平19課資２−５、課審６−３追加）

　　（以下、法令解釈に関する情報　相続税・贈与税【第９条《その他の利
　　益の享受》関係】より抜粋）

　　旧信託法（大正11年法律第62号、以下「旧信託法」という。）の下におい
ては、委託者が信託に関する利益の全部を享受する場合、すなわち委託者と
受益者が一致するとき（以下「自益信託」という。）には、信託を解除する
こととされていた（旧信託法57）が、新信託法第164条《委託者及び受益者
の合意等による終了》では、自益信託に限らず、委託者と信託に関する利益
を享受する受益者全員が共同して信託終了の意思表示をすれば、信託を終了
することができることとされた。
　　ところで、受益者連続型信託（法第９条の３第１項に規定する受益者連続
型信託をいう。以下同じ。）以外の信託で、当該信託に関する収益受益権
（信託に関する権利のうち信託財産の管理及び運用によって生ずる利益を受
ける権利をいう。以下同じ。）を有する者（以下「収益受益者」という。）と
当該信託に関する元本受益権（信託に関する権利のうち信託財産自体を受け
る権利をいう。以下同じ。）を有する者（以下「元本受益者」という。）とが
異なるもの（以下「受益権が複層化された信託」という。）が、新信託法第
164条の規定により終了（以下この項において「合意終了」という。）した場
合には、元本受益者は当初予定された信託期間の終了を待たずに信託財産の
給付を受けることになり、その反面、収益受益者は当初予定された信託期間
における収益受益権を失うこととなる。したがって、当該元本受益者は、何
らの対価も支払うことなく合意終了直前において当該収益受益者が有してい
た収益受益権の価額に相当する利益を受けることとなるから、法第９条の規
定により、当該利益を贈与又は遺贈により取得したものとみなされることと

なる。

　そこで、相基通9-13では、そのことを留意的に明らかにした。

（参考）

新信託法（抜すい）

（委託者及び受益者の合意等による信託の終了）

第164条　委託者及び受益者は、いつでも、その合意により、信託を終了することができる。

　2　委託者及び受益者が受託者に不利な時期に信託を終了したときは、委託者及び受益者は、受託者の損害を賠償しなければならない。ただし、やむを得ない事由があったときは、この限りでない。

　3　前二項の規定にかかわらず、信託行為に別段の定めがあるときは、その定めるところによる。

　4　委託者が現に存しない場合には、第1項及び第2項の規定は、適用しない。

〔設例〕

貸地を30年間信託し、収益受益権は父、元本受益権は子が取得した場合

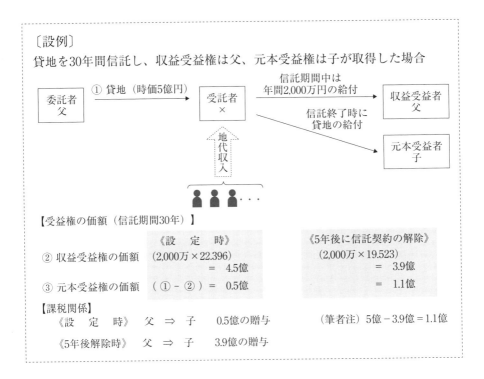

【受益権の価額（信託期間30年）】

	《設　定　時》	《5年後に信託契約の解除》
② 収益受益権の価額	(2,000万×22.396) 　　　= 4.5億	(2,000万×19.523) 　　= 3.9億
③ 元本受益権の価額	（①－②）= 0.5億	= 1.1億

【課税関係】

| 《設　定　時》 | 父 ⇒ 子 | 0.5億の贈与 | （筆者注）5億－3.9億＝1.1億 |
| 《5年後解除時》 | 父 ⇒ 子 | 3.9億の贈与 | |

③　合意解約時に収益受益権が消滅し、相当額の経済的利益が移転することを法人税法第22条取引とみなして課税関係が発生。つまり、複層化（入口）でディスカウントしておいて出口（元本受益権売却時）に差額課税をしないのは課税の公平に反するという判断。

なお、このプランニングは、当局側では、課税関係の洗替えによる課税をしようとする動きも現場の調査レベルでは見受けられるようです。上記のように、複層化しても受益者連続信託とみなされて、財産評価基本通達202項での評価をせず、相続税基本通達9の3−1で評価されるケースが多いようです[7]。

7　この辺りの論考としてよく参照されるものを列挙します。
　・税務大学校論叢第92号平成30年6月『受益権が質的に分割された信託に対する所得税の課

相続税基本通達９の３−１

（受益者連続型信託に関する権利の価額）

　　受益者連続型信託に関する権利の価額は、例えば、次の場合には、次に掲げる価額となることに留意する。（平19課資２−５、課審６−３追加）

(1)　受益者連続型信託に関する権利の全部を適正な対価を負担せず取得した場合　信託財産の全部の価額

(2)　受益者連続型信託で、かつ、受益権が複層化された信託（以下９の３−３までにおいて「受益権が複層化された受益者連続型信託」という。）に関する収益受益権の全部を適正な対価を負担せず取得した場合　信託財産の全部の価額

(3)　受益権が複層化された受益者連続型信託に関する元本受益権の全部を適正な対価を負担せず取得した場合（当該元本受益権に対応する収益受益権について法第９条の３第１項ただし書の適用がある場合又は当該収益受益権の全部若しくは一部の受益者等が存しない場合を除く。）　零

(注)　法第９条の３の規定の適用により、上記(2)又は(3)の受益権が複層化された受益者連続型信託の元本受益権は、価値を有しないとみなされることから、相続税又は贈与税の課税関係は生じない。ただし、当該信託が終了した場合において、当該元本受益権を有する者が、当該信託の残余財産を取得したときは、法第９条の２第４項の規定の適用があることに留意する。

　　税に関する考察』佐々木誠
・税務大学校論叢『信託法改正と相続税・贈与税の諸問題』川口幸彦
・税務大学校論叢『租税回避への対応を含む財産評価のあり方─裁判事例等の分析を中心として─』川口幸彦
・令和元年12月『配偶者居住権等の鑑定評価に関する研究報告』公益社団法人日本不動産鑑定連合会
・2012年４月『受益権が複層化された信託に対する課税ルールに関する一考察』金融庁金融研究センター　吉村政穂

[8]

持分会社移行による
貸付金減額プランニング

Q24　持分会社を活用した相続税節税プランニング

> 持分会社を活用した相続税節税プランニングについてご教示ください。

Answer

　下記のようなプランニングですが実効性に疑義があります。

【解 説】

　合名会社等の無限責任社員の会社債務についての債務控除の適用についてですが、合名会社、合資会社の場合で、会社財産で債務を完済することができない状態で無限責任社員が死亡した場合、その死亡した無限責任社員が負担すべき、持分に応じた会社の債務超過額は、相続税の計算上、被相続人の債務として相続税法第13条の規定により相続財産から控除することができるかという論点があります。

　これに対し、国税庁は、被相続人の債務として控除して差し支えないと答えています。合名会社の財産だけでは会社の債務を完済できないときは、社員は全員が連帯して会社の債務を弁済する責任を負うとされ、退社した社員は本店所在地の登記所で退社の登記をする以前に生じた会社の債務に対しては責任を負わなければならないとされているため、というのが理由です。

（参照）

【質疑応答事例】
合名会社等の無限責任社員の会社債務についての債務控除の適用

〔照会要旨〕

　合名会社、合資会社の会社財産をもって会社の債務を完済することができない状態にあるときにおいて、無限責任社員が死亡しました。この場合、その死亡した無限責任社員の負担すべき持分に応ずる会社の債務超過額は、相続税の計算上、被相続人の債務として相続税法第13条の規定により相続財産から控除することができますか。

〔回答要旨〕

　被相続人の債務として控除して差し支えありません。

　（注）　合名会社の財産だけでは、会社の債務を完済できないときは、社員は各々連帯して会社の債務を弁済する責任を負うとされ（会社法580）、退社した社員は、本店所在地の登記所で退社の登記をする以前に生じた会社の債務に対しては、責任を負わなければならない（会社法612①）とされています。

【関係法令通達】

　相続税法第13条第1項

　会社法第580条、第612条第1項

会社法第580条

（社員の責任）

　社員は、次に掲げる場合には、連帯して、持分会社の債務を弁済する責任を負う。

一　当該持分会社の財産をもってその債務を完済することができない場合

二　当該持分会社の財産に対する強制執行がその効を奏しなかった場合（社員が、当該持分会社に弁済をする資力があり、かつ、強制執行が容易であることを証明した場合を除く。）

　これを利用して相続税を節税するというプランニングがあります。例えば、1人株主会社があったとします。債務超過の会社です。これを組織変更して1人合名会社にします。

　負債に計上されているオーナー（社長）からの貸付金というのは、オーナー（社長）にとってはプラスの相続財産ですが、債務超過になっている部分について債務控除が使えるので、相続財産が減少するという方法があります。他には、1人合名会社がある場合に、これを債務超過の株式会社と合併すると債務超過になるため、その債務超過を債務控除に充てるという方法があります。

　なおこのため、合名会社の出資の評価においては、死亡退職金相当額を債務として計上することは差し支えありません。

Q25　Q24のプランニングの留意点

> Q24のプランニングでの留意点についてご教示ください。

Answer

下記の事項を総合勘案する必要があります。

【解　説】

1　債務超過部分を債務控除の対象とするための要件

　組織変更プランニングでも吸収合併プランニングでも、考えなければいけない留意点があります。債務超過分部分は無限責任社員の連帯債務であり、債務控除の対象となるのは被相続人が負担することとなることが確実と認められる債務相当額であるということ、つまり、①相続開始時に評価会社の経営が行き詰まり、②債務超過が著しい場合で、③当該債務について死亡した無限責任社員が責任を負うことは確実で、④かつ相続において負担すべき金額が確定している場合に、債務超過部分を債務控除に使えるということになります[8]。

2　事実認定の問題

　債務超過の1人株式会社を1人合名会社に組織変更して債務超過分部分を債務控除額に充てるということでしたが、「なぜ」1人株式会社を1人合名会社に組織変更したかということを、疎明しなければならないと思われます。1人合名会社が債務超過の株式会社を吸収合併して債務超過になるのも、なぜ債務超過の株式会社を買ってきたかということについて争われるレベルだと思われます。

　すると、納税者側の理論武装として何かしらの根拠を考えなければなら

8　竹内陽一・掛川雅仁編著『自社株評価Q&A』（清文社　2017年）352頁

ないことになりますが、会社法上認められた組織変更というシステムということはあるものの、1人の株式会社を1人の合名会社にするということに関して合理的な理由は見つからないように思えてしまいます。

　また、合併プランニングについても、合名会社がわざわざ債務超過である株式会社を買ってくることには非常に違和感があります。理由があるとするならば、その株式会社が非常に特殊な技術を持っている、ニッチな取引先を持っている、などといった特殊な状況であれば、このプランニングが使えるということになるのかもしれません。しかし、買収する会社が合名会社である合理的な理由が見当たりません。「理論武装に必要なエビデンスはオーナー（社長）貸付金を相続財産に含まなくてよいレベルなのか」といった問題もあります。このプランニングについては実務上の事例集積段階にあるので、実行する場合は慎重に行う必要があります。

3　単に債務超過だからということで債務控除できるものではない

　上記で記載した事実認定の問題について、さらに、私的見解があるので、確認しておきます。このプランニングは、所得税基本通達64−3や相続税法基本通達14−3とのバランスの問題があるということも指摘されているようです[9]。

所得税基本通達64−3

（回収不能額等が生じた時の直前において確定している「総所得金額」）

　　令第180条第2項第1号《資産の譲渡代金が回収不能となった場合等の所得計算の特例》に規定する「総所得金額」とは、当該総所得金額の計算の基礎となった利子所得の金額、配当所得の金額、不動産所得の金額、事業所得の金額、給与所得の金額、譲渡所得の金額、一時所得の金額及び雑所得の金額（損益通算の規定の適用がある場合には、その適用後のこれらの所得の金額とし、赤字の所得はないものとする。）の合計額（純損失の

9　内倉裕二『資産税事例検討会』（税務研究会税務情報センター）28頁

繰越控除又は雑損失の繰越控除の規定の適用がある場合には、当該合計額から総所得金額の計算上控除すべき純損失の金額又は雑損失の金額を控除した金額とする。）をいうものとする。

(注)　上記の譲渡所得の金額とは、長期保有資産（法第33条第3項第2号《譲渡所得》に掲げる所得の基因となる資産をいう。）に係る譲渡所得であっても、2分の1する前の金額をいうことに留意する。また、一時所得の金額についても同様である。

相続税基本通達14-3

（保証債務及び連帯債務）

　保証債務及び連帯債務については、次に掲げるところにより取り扱うものとする。

(1)　保証債務については、控除しないこと。ただし、主たる債務者が弁済不能の状態にあるため、保証債務者がその債務を履行しなければならない場合で、かつ、主たる債務者に求償して返還を受ける見込みがない場合には、主たる債務者が弁済不能の部分の金額は、当該保証債務者の債務として控除すること。

(2)　連帯債務については、連帯債務者のうちで債務控除を受けようとする者の負担すべき金額が明らかとなっている場合には、当該負担金額を控除し、連帯債務者のうちに弁済不能の状態にある者（以下14-3において「弁済不能者」という。）があり、かつ、求償して弁済を受ける見込みがなく、当該弁済不能者の負担部分をも負担しなければならないと認められる場合には、その負担しなければならないと認められる部分の金額も当該債務控除を受けようとする者の負担部分として控除すること。

　合名会社等の無限責任社員も、会社が返済できない状況にあり、かつ主たる債務者に求償しても返還を受けることができない場合に債務控除の対象となるものであって、会社が債務を返済することができないかどうかは事実認定の問題であり、単に債務超過であれば債務控除ができるというも

のではないという見解です。

　1人合名会社で債務超過になっている会社に関して債務控除ができるということは、その1人のオーナー（社長）は、相続税の申告を出すぐらいの富裕層だということで、そのような人が他に財産を保有しているのに、なぜ合名会社の部分だけ債務超過に陥っているのかということについて、合理的な理由が必要だということです。また、過去の相続税法第64条で否認された事例があります。同族法人で不動産を時価より遥かに高額で借入金により購入し、その借入金の連帯保証人に当該同族法人の代表者がなった場合です。当該代表者がなくなった場合、その連帯保証分は債務控除の対象とできます。これについて裁判例では、法人を経由した相続税の圧縮行為をみなして相続税法第64条を発動したのです。

大阪地方裁判所平成16年（行ウ）第97号　相続税決定処分等取消請求事件、平成16年（行ウ）第141号　差押処分取消請求事件（棄却）（控訴）国側当事者・平成16年（行ウ）第97号につき茨木税務署長、平成16年（行ウ）第141号につき大阪国税局長平成18年10月25日判決【相続税法64条1項における「不当に減少」の判断基準／高額な土地取引】

〔判示事項〕

　被相続人の遺言書の内容と被相続人と同族会社との間の土地売買契約の内容とが符合しないことなどから、当該売買契約は仮装された存在しないものであるとする課税庁の主張が、当該売買契約書が被相続人の意思に基づいて作成されたものではないと認めるのは困難であるとして排斥された事例。

　相続税法第64条第1項（同族会社の行為又は計算の否認等）における「相続税又は贈与税の負担を不当に減少させる結果となると認められる」場合の判断基準。同族会社と被相続人との間で締結された土地売買契約は、経済的、実質的見地において純粋経済人の行為として不自然、不合理なものというほかなく、同社の株主である納税者らの相続税の負担を不当に減少させる

結果をもたらすものであることは明らかであるとされた事例。

　被相続人と同族会社との間の土地売買契約は、当該同族会社を存続させるための唯一の方策として採用したものであり、被相続人らには不当に相続税の軽減を図るという意図など全くなかったから、当該売買契約は相続税法第64条第1項（同族会社の行為又は計算の否認等）により否認することができる場合に該当しないとの納税者の主張が、当該売買契約の究極的な目的が納税者の主張するとおり同族会社を存続させることにあるとしても、時価相当額の13倍をこえる価格を売買契約の代金額として定めることが、経済人の行為として合理的かつ自然なものとは到底いうことはできないのみならず、当該売買契約の締結に至る経過事実に照らしても、当該売買契約が納税者らの相続税の不当な軽減を図ることを目的として締結されたものであることは明らかであるとして排斥された事例。

　納税者は土地売買契約に基づき同族会社の借入金債務を承継することになり、それと合わせて相続税等を支払う能力はなかったところ、納税者のように担税力のない者に相続税法第64条第1項（同族会社の行為又は計算の否認等）を適用することは同項の趣旨に反するとの納税者の主張が、納税者が同族会社の借入金債務を負担することになったのは、納税者が代表取締役を務める同族会社が相続税法第64条第1項の規定による否認の対象となるような土地売買契約を締結したことによるのであり、しかも、納税者に同項を適用しないことにより、かえって租税回避行為が容易に行われるのを防止して租税負担の適正化を図るという同項の趣旨、目的が害されることになるとして排斥された事例。

　保証債務が相続税法第14条第1項（控除すべき債務）にいう確実と認められる債務に該当するか否かの判断基準。
　同族会社の損益計算書において当期未処理損失が計上され、債務超過状態にあったことがうかがわれるものの、同社について破産、会社更生等の法的整理手続が進行していたり、同社が事業閉鎖により再起不能であったなどの

事情はなく、同社は被相続人の死亡後もその事業を継続していたと認められることからすれば、相続開始時において被相続人が同族会社から保証債務に係る求償権の履行を受ける見込みがなかったということはできず、よって、本件における相続債務は相続税法第14条第1項にいう確実と認められる債務には該当せず、相続税の課税価格の計算上控除されないものというべきであるとされた事例（上告棄却・不受理）。

　相続直前に「作為的に」債務控除を作出するという点で非常に似ている参考になる判例だと思います。

　なお、下記が本件プランニングが絡む唯一の裁決ですが、本件プランニングの有効、無効については審判所は一切判断していません。本件は、税務調査の裁決に該当します。

F 0-3-398
　<u>（更正の理由附記／処分の理由不備）</u>（※下線筆者）更正等通知書に記載された債務弁済責任に係る債務控除に関する処分の理由には不備があり、各更正処分のうち、債務控除に係る部分は、行政手続法第14条第1項に規定する要件を満たさない違法な処分である（※下線筆者）から、取り消すべきであるとされた事例（平26-11-18裁決）

〔裁決の要旨〕
1　本件は、審査請求人らが、被相続人には会社の無限責任社員として負っている会社法第580条第1項に規定する「債務を弁済する責任」があるとして、相続税の課税価格の計算上、「債務を弁済する責任」を債務として控除して相続税の申告をしたところ、原処分庁が、被相続人は「債務を弁済する責任」を負っていたとは認められないから、「債務を弁済する責任」を債務として控除することはできないなどとして、相続税の更正処分等をしたのに対し、請求人らが、原処分の全部の取消しを求めた事案である。
2　争点は、①本件各処分の理由は「不利益処分の理由」として十分な記載

といえるか、②本件債務弁済責任は、「相続開始の際現に存するもの」に該当し、かつ「確実と認められるもの」に該当するか否か、③本件各賦課決定処分について各更正処分が、従来の公的見解を変更してなされたものとして、「正当な理由があると認められるものがある場合」に該当するか否か、である。

3　本件各更正通知書の「処分の理由」欄の記載からは、本件相続開始日における債務弁済責任に基づく債務が現に存しないと原処分庁が判断した理由が、例えば、①本件合資会社に14億0181万6220円の債務超過額が存しない、②本件被相続人が無限責任社員でない、③本件合資会社の債務超過額はおよそ無限責任社員である被相続人の債務ではない、④本件合資会社の債務超過額は無限責任社員の債務ではあるものの、本件においては、会社法第581条第1項に該当する社員の抗弁の事実があり、無限責任社員の債務として認められるための要件を満たしていない、⑤そもそも、会社法第580条第1項は、債務を弁済する責任を規定しているにすぎないという法律的な見解を前提として、会社債権者からの弁済請求を受けていない以上、本件被相続人は本件債務弁済責任に基づく債務を何ら負っていないなど、様々な可能性が考えられ、原処分庁による処分の実際の理由が、これらのどれに当たるのか、あるいはこれら以外の理由なのか、不明であるといわざるを得ない。

4　したがって、本件各更正等通知書に記載された債務控除に係る処分の理由は、行政手続法第14条第1項の規定の趣旨を満たす程度に提示されたものとはいえない。

5　原処分庁は、本件各更正等通知書においては、債務控除に関し、適用法令及び課税要件事実たる債務控除額が明記されていることから、提示すべき理由として欠けるところはない旨主張するが、本件各更正等通知書の「処分の理由」欄の記載では、様々な可能性が考えられ、不明であるといわざるを得ないから、原処分庁の主張を採用することはできない。

6　以上のとおり、本件各更正等通知書に記載された債務弁済責任に係る債務控除に関する処分の理由には不備があり、本件各更正処分のうち、当該債務控除に係る部分は、行政手続法第14条第1項に規定する要件を満たさ

ない違法な処分であるといわざるを得ないから、取り消すべきである。

7　上記のとおり、本件各更正処分はいずれもその全部を取り消すべきであるから、争点3について判断するまでもなく、本件各賦課決定処分及び本件変更決定処分は、いずれも、その全部を取り消すべきである。

（一部抜粋）

3　主　張

(2)　争点2

原　処　分　庁	請　求　人　ら
次のとおり、本件債務弁済責任は、相続税法第13条第1項第1号に規定する「被相続人の債務で相続開始の際現に存するもの」に該当せず、また、同法第14条第1項に規定する「確実と認められるもの」にも該当しない。	次のとおり、本件債務弁済責任は、相続税法第13条第1項第1号に規定する「被相続人の債務で相続開始の際現に存するもの」に該当し、かつ、同法第14条第1項に規定する「確実と認められるもの」に該当する。
イ　会社法第580条第1項は、持分会社の財産をもってその債務を完済することができない場合又は持分会社の財産に対する強制執行がその効を奏しなかった場合、持分会社の社員は連帯して持分会社の債務を弁済する責任を負う旨規定しているとおり、持分会社の社員に対する債務弁済責任の追及は、会社財産による完済不能、会社財産に対する強制執行の不奏功の場合にのみできるのであり、その範囲で、持分会社の社員の責任は、会社債務及び責任に対して補充性ないし第二次性を有しているといえる。そして、債務を含む会社財産の評価時期は、会社債権者の請求の時であり、会社の債務超過の立証責任は、会社債権者にあるとされ	イ　会社法第580条第1項に規定する「当該持分会社の財産をもってその債務を完済することができない場合」とは、持分会社の債務超過を指すのであり、この事実が存在する以上、会社債務に対する社員の連帯無限の責任は当然に発生し、「現に存するもの」に該当する。そして、持分会社は根本的に組合であり、法人格を付与された組合と理解されている。 　この組合の法理はそのまま持分会社の無限責任社員にも当てはめられ、持分会社の財産は全て無限責任社員の共有財産であり、持分会社の債務は全て無限責任社員の連帯債務となる。 　会社法第580条第1項は、上記の

ている。

　このような持分会社の社員が負う債務弁済責任は、保証債務に類似するものと解されており、会社債権者が会社の債務超過を立証し、社員に対して会社債務の弁済を請求しなければ、社員が現実に負担すべき債務として確定するものではなく、その負担すべき金額も不明であるので、会社債権者から請求のない時点においては、社員が持分会社の債務弁済責任に基づいて実際に債務を負担することはあり得ない。

　また、債務と責任の分離ができることからすれば、持分会社の社員の責任は「債務なき責任」と解するのが私法の体系的理解の上から適当であり、その解釈は、社員の責任は持分会社が社員の人的信用を基礎とすること、すなわち、会社信用の強化という会社法第580条の規定の趣旨目的からも適当であるとされている。

　そうすると、会社債権者から持分会社の債務超過を立証することにより社員が会社債務の弁済を請求されなければ、社員は債務弁済責任に基づく債務を何ら負担することはあり得ないので、死亡した社員の債務弁済責任それ自体は、相続税法第13条第1項第1号に規定する「被相続人の債務で相続開始の際現に存するもの」に該当しない。

　本件において、本件被相続人は、本件合資会社のいずれの債権者から

組合の法理を前提として、債務超過でない場合は、会社所有の財産からの弁済を優先させるべきとし、債務超過の場合には、無限責任社員の個人所有の財産を引き当てにした請求が可能となるよう規定したものであり、持分会社の債務全部につき、無限責任社員に弁済責任があることを前提としているのである。

　また、会社法第612条第1項の規定においても、組合の欠損は脱退・解散に際し補填させられることから、無限責任社員が社員を辞めた時点で持分会社が債務超過の時は、債務超過部分を補填する義務を課しており、無限責任社員に弁済責任があることを前提としている。

　原処分庁は、会社債権者の請求の有無によって無限責任社員の債務弁済責任に基づく債務の発生が左右される旨主張するが、そうであれば、無限責任社員が会社債権者から請求を受ける前に死亡した場合には、その社員の相続人は債務を負担しなくてもよいこととなる。すなわち、持分会社の無限責任社員は死亡によって当然に退社する（会社法第607条第1項第3号）ところ、無限責任社員が死亡時点において会社債権者から請求がないことにより債務を負担していなければ、その社員の相続人が債務を相続することもなく、会社債権者も相続人に請求することができなくなってしまうことになって不

も本件合資会社の債務の弁済請求を受けていたとは認められないことから、本件被相続人は、無限責任社員としての債務弁済責任に基づく債務を負っていたとはいえず、したがって、本件被相続人が無限責任社員として負っている会社法第580条第1項に規定する「債務を弁済する責任」は、相続税法第13条第1項第1号に規定する「被相続人の債務で相続開始の際現に存するもの」には該当しない。

ロ　加えて、会社が弁済不能の状態であるか否かは、一般に債務者が破産、和議、会社更生あるいは強制執行等の手続開始を受け、又は事業閉鎖、行方不明、刑の執行等により債務超過の状態が相当期間継続しながら、他からの融資を受ける見込みもなく、再起の目途が立たないなどの事情により事実上の債権の回収ができない状況にあることが客観的に認められるか否かで決せられるべきであるところ、本件合資会社は、①破産、会社更生あるいは強制執行等の手続開始を受けた事実はないこと、②本件相続開始日の後も営業を継続しており、平成22年10月1日から平成23年9月30日までの事業年度の当期利益は赤字であるものの、営業利益を計上している状況であること、③債権者であるD信用金庫及び株式会社Cからの借入金の利息を滞ることなく支払っていること、④本

当である。

以上からすれば、本件被相続人が無限責任社員として負っている会社法第580条第1項に規定する「債務を弁済する責任」ないしこれに基づく債務は、相続税法第13条第1項第1号に規定する「被相続人の債務で相続開始の際現に存するもの」に該当し、本件被相続人自身の債務である以上、当然に相続税法第14条第1項に規定する「確実と認められるもの」にも該当する。

ロ　仮に、原処分庁の主張するとおり、無限責任社員の債務弁済責任の性質が保証債務に類似するものとしても、保証債務の取扱いについては、相続税法基本通達14-3《保証債務及び連帯債務》(1)に定められているところ、次のとおり、本件合資会社が弁済不能の状態にあるため、無限責任社員がその債務を履行しなければならない場合で、かつ、本件合資会社に求償して返還を受ける見込みがない場合にも該当するから、本件被相続人が無限責任社員として負っている会社法第580条第1項に規定する「債務を弁済する責任」に基づく債務は、相続税法第14条第1項に規定する「確実と認められるもの」に該当する。

（イ）　本件合資会社は、平成16年9月末をもって一般港湾運送業を中止し、その後は所有不動産の賃貸収入以外に収入はない。

件相続開始日の後に、D信用金庫及び株式会社Cからの借入れをいずれも完済していること、⑤本件合資会社が所有する土地及び建物について担保余力があることからすれば、本件相続開始日において本件合資会社が弁済不能の状態にあったとは認められない。

　そうすると、本件被相続人が無限責任社員として負っている会社法第580条第1項に規定する「債務を弁済する責任」に基づく債務が仮に存したとしても、同債務は、相続税法第14条第1項に規定する「確実と認められるもの」に該当しない。

（ロ）　本件合資会社の負債総額は、平成17年2月から平成24年9月まで全く減少していない。

（ハ）　本件相続開始日の後の本件合資会社の債務の返済のうち、株式会社Cへの返済350,000,000円は、請求人甲が直接返済し、D信用金庫への返済200,000,000円は、請求人甲が代表を務める他の法人からの借入金で賄っており、本件合資会社は、第三者からの独自の借入能力がない。

（ニ）　本件合資会社は、平成24年9月30日に解散を決議し、資産の処分が完了し次第、清算結了する。

Q26　持分会社を活用した相続税対策プランニングの補足

> 持分会社を活用した相続税対策プランニングに関する補足論点につ
> いてご教示ください。

Answer

　仙台国税局文書回答事例を確認します。

【解 説】

　持分会社のうち、無限責任社員が存在する合名・合資会社においては、
無限責任社員が死亡した場合において、債務超過であるとき、その無限責
任社員の負担すべき債務超過部分が相続税の計算上、債務控除の対象とな
ります。社員は連帯して会社の債務を弁済する責任を負うとするとされ、
退社した社員は、退社以前に生じた会社の債務に対して責任を負わなけれ
ばならないと会社法上規定されているためです。

　以上を踏まえて、仙台国税局から文書回答事例があります。債務超過状
態にある合資会社の無限責任社員の父が子への事業承継に伴い、自らは有
限責任社員となり子が有限責任社員から無限責任社員となった事例です。

　当該ケースでは、無限責任社員であった父は有限責任社員になっても、
２年間は無限責任社員としての責任を負い、２年経過後も債務超過状態で
ある場合には、父は、責任が消滅したことによる経済的利益を受けるとし
て、所得税の課税が生じることとなり得ます。

　また、その経済的利益は社員相互間の合意を基礎としているため、無限
責任社員である子から有限責任社員である父への利益移転と見なされ、み
なし贈与の対象となります[10]。

10　無限責任社員が複数いる場合において債務超過である場合については、会社法第580条
　を参照します。当該持分会社の財産をもってその債務を完済できなかった場合には、無限責
　任社員が無限に連帯して責任を負うことになっています。

（参照）

【仙台国税局　文書回答事例「債務超過の合資会社の無限責任社員が有限責任社員となった場合等の贈与税等の課税関係について」】

別紙1-1　事前照会の趣旨

　合資会社である当社（以下「当社」といいます。）は、時価による純資産価額がマイナス（以下「債務超過」といいます。）の状態にあるところ、当社の無限責任社員甲が有限責任社員になり、同時に、有限責任社員乙が無限責任社員になる場合の課税関係は次のとおりとなると解して差し支えないか、ご照会いたします。

① 　会社法第583条第3項の規定により、無限責任社員甲が有限責任社員になった場合には、原則として、甲に対し贈与税及び所得税の課税は生じない。

② 　上記①の場合において、会社法第583条第4項の規定により、社員変更登記後2年を経過した時に甲の有する当社に係る無限責任社員としての債務弁済責任が消滅するが、社員変更登記後2年を経過した時に当社が債務超過の状態の場合には、相続税法第9条の規定により、甲の有する当社に係る無限責任社員としての債務弁済責任の消滅の利益について、甲に対し贈与税の課税が生じる。

別紙1-2　事前照会に係る取引等の事実関係

1 　当社は、無限責任社員1名と有限責任社員1名で構成されており、無限責任社員は甲、有限責任社員は乙で、甲は乙の実父です。このたび、当社は、世代交代に伴い代表社員が交代いたします。社員2名の合資会社のま

　この責任については、出資の多寡は問われていないため、会社に財産がない場合、債権者は社員1名に全ての請求をすることができます。
　ただし、連帯責任となっていますので、他の社員に代わって弁済を行った社員は他の社員に対して自己の責任を超える範囲について求償を求めることができます。
　自己の責任の範囲は無限責任社員数により変動します。
　民事法（会社法）上は当該取扱いですが、租税法においては、肩代わり返済をすることでみなし贈与の課税関係が生じます。

ま代表権を移行するには、無限責任社員と有限責任社員が1名以上必要で
あるため、既存社員の責任を交代することで代表権を移行させたいと考え
ています。

2　当社は、責任交代時において、債務超過の状態にあり、甲に対する当社
の債権者からの請求又は請求の予告はありません。

3　社員変更登記後2年を経過した時においても、当社は債務超過の状態が
継続しており、社員変更登記後2年以内の間に、甲及び乙による当社の債
務の弁済はなく、また、甲に対する当社の債権者からの請求又は請求の予
告はないものといたします。

別紙1-3　事実関係に対して事前照会者の求める見解となることの理由

1　無限責任社員甲が有限責任社員となったときの課税関係

　　会社法第580条第1項に規定する無限責任社員の責任は、持分会社（合
名会社、合資会社又は合同会社）が会社財産による債務の完済不能な場合
に、当該持分会社の債務を他の無限責任社員と連携して、債権者に対して
負う責任とされています。

　　この債務弁済責任は、同法第583条第3項及び第4項の規定に基づき、
無限責任社員が有限責任社員となったとしても、なお、社員変更登記後2
年間は従前と同じ無限責任社員としての責任を負うこととされています。

　　したがって、無限責任社員甲が有限責任社員となったとしても、その時
点で甲の従前の無限責任社員としての責任である当社に係る債務弁済責任
が消滅したとはいえないことから、原則として甲に対し債務の引受け等に
よる利益を受けたとしての贈与税及び所得税の課税関係は生じないものと
考えます。

2　社員変更登記後2年を経過したときの甲の課税関係

　　会社法第583条第4項の規定によれば、有限責任社員となった甲が負っ
ている従前の無限責任社員としての責任は、社員変更登記後2年以内に請
求又は請求の予告をしない当社の債権者に対しては、社員変更登記後2年
を経過した時に消滅します。このことから、この時点で当社が債務超過の
状態の場合には、甲は債務を弁済する責任を負わないとする経済的利益を

受けることになることから、甲に対し所得税の課税が生じることとなると考えます。

　ただし、その経済的利益は、甲が他の無限責任社員である乙から与えられた利益である個人間の贈与であると認められるときには、相続税法第9条に規定するみなし贈与の課税が生じることとなるものと考えます。

　甲の有する当社に係る無限責任社員としての債務弁済責任は社員変更登記後2年を経過した時に会社法第583条第4項の規定に基づき法的に消滅するものですが、合資会社は、無限責任社員と有限責任社員とをもって組織され、無限責任社員は、合名会社の社員と同じく会社債務につき各社員相互間で連帯して無限の責任を負うもので、社員相互間の人的信頼関係を基礎とする会社であり、また、甲が無限責任社員から有限責任社員に変更するに当たって、合資会社として存続するため、乙が有限責任社員から無限責任社員に変更する必要が生じ、そのため社員間の合意に基づき社員変更登記をし、その結果、甲の有する当社に係る無限責任社員としての債務弁済責任が消滅する一方、他の無限責任社員である乙は当社に係る債務について無限責任社員としての債務弁済責任を負うことになることからしますと、甲の債務弁済責任の消滅は、乙から与えられた利益（債務の減少）と考えられますことから、甲に対し相続税法第9条に規定するみなし贈与の課税が生じることとなると考えます。

第2章

オーナー（社長）の同族法人からの借入金消去の税務

　下記ではオーナー（社長）や同族特殊関係者への貸付金、すなわち法人においては（借方）役員貸付金の各種解消方法の検証が必要です。

　・会社が債権放棄

　・役員退職金と相殺

　・役員給与の増額相当分で精算

　・（主に生命保険を活用した）代物弁済

　・オーナー（社長）個人財産の売却相当額を充当

　・債権回収会社等に債権譲渡、生命保険金等に切替え

　通常は役員給与の増額相当分で精算と（タイミングがあえば）役員退職金と相殺を選択します。課税関係が明確であり、単純だからです。なお、上掲のうち、「役員退職金と相殺」は特段論点は生じませんので本稿では触れません。また「（主に生命保険を活用した）代物弁済」について生命保険の活用については疑義が生じるところがありますので本稿では触れません。

[1]

会社が債権放棄

Q27 会社が債権放棄する現実性

会社が債権放棄することが現実的か、についてご教示ください。

Answer

　課税実務では通常行いません。（旧）役員賞与認定されます。下記の条文は適用要件は極めて厳しく事実上はほぼ利用できないものと想定しています。

【解 説】

　所得税法第44条の2の要件チェックが必要となります。

所得税法第44条の2
（免責許可の決定等により債務免除を受けた場合の経済的利益の総収入金額不算入）

1　居住者が、破産法（平成16年法律第75号）第252条第1項《免責許可の決定の要件等》に規定する免責許可の決定又は再生計画認可の決定があった場合その他資力を喪失して債務を弁済することが著しく困難である場合にその有する債務の免除を受けたときは、当該免除により受ける経済的な利益の価額については、その者の各種所得の金額の計算上、総収入金額に算入しない。

2　前項の場合において、同項の債務の免除により受ける経済的な利益の価額のうち同項の居住者の次の各号に掲げる場合の区分に応じ当該各号に定める金額（第1号から第4号までに定める金額にあっては当該経済的な利益の価額がないものとして計算した金額とし、第5号に定める金額にあっては同項の規定の適用がないものとして総所得金額、退職所得金額及び山林所得金額を計算した場合における金額とする。）の合計額に相当する部分については、同項の規定は、適用しない。

一　不動産所得を生ずべき業務に係る債務の免除を受けた場合　当該免除

を受けた日の属する年分の不動産所得の金額の計算上生じた損失の金額

　二　事業所得を生ずべき事業に係る債務の免除を受けた場合　当該免除を受けた日の属する年分の事業所得の金額の計算上生じた損失の金額

　三　山林所得を生ずべき業務に係る債務の免除を受けた場合　当該免除を受けた日の属する年分の山林所得の金額の計算上生じた損失の金額

　四　雑所得を生ずべき業務に係る債務の免除を受けた場合　当該免除を受けた日の属する年分の雑所得の金額の計算上生じた損失の金額

　五　第70条第1項又は第2項（純損失の繰越控除）の規定により、当該債務の免除を受けた日の属する年分の総所得金額、退職所得金額又は山林所得金額の計算上控除する純損失の金額がある場合　当該控除する純損失の金額

3　第1項の規定は、確定申告書に同項の規定の適用を受ける旨、同項の規定により総収入金額に算入されない金額その他財務省令で定める事項の記載がある場合に限り、適用する。

4　税務署長は、確定申告書の提出がなかった場合又は前項の記載がない確定申告書の提出があった場合においても、その提出がなかったこと又はその記載がなかったことについてやむを得ない事情があると認めるときは、第1項の規定を適用することができる。

　広島高裁平成29年2月8日（TAINZコード　Z267－12978）では、法人の役員としての地位に基因して債務免除が可能であった状態であり、債務免除後、資産が負債を「上回った部分については」債務を弁済することが著しく困難であるとはいえない、として役員に対する経済的利益と認定し、役員給与に該当すると判示しています。

広島高等裁判所平成27年（行コ）第30号　納税告知処分等取消請求控訴事件　平成29年 2 月 8 日判決【債務免除益を賞与と認定した源泉所得税の納税告知処分／源泉徴収税額ありと判断】

〔判示事項〕

1　本件は、被控訴人が、平成19年12月10日、その当時の被控訴人の理事長乙に対し、乙の被控訴人に対する借入金債務の免除をしたところ、倉敷税務署長から、本件債務免除に係る経済的利益が乙に対する賞与に該当するとして、給与所得に係る源泉所得税の納税告知処分及び不納付加算税の賦課決定処分を受けたため、控訴人に対し、各処分の取消しを求めた事案である。

2　債務者は、債権者から債務免除を受けた場合、原則として、所得税法36条 1 項にいう「経済的な利益」を受けたことになり、免除の内容等に応じて当該債務者の事業所得その他の各種所得の収入金額となるものであるが、事業所得者が、経営不振による著しい債務超過の状態となり、経営破綻に陥っている状況で、債権者が債務免除をしたなどという場合には、債務者は、実態としては、支払能力のない債務の弁済を免れただけであるから、当該債務免除益のうちその年分の事業損失の額を上回る部分については、担税力のある所得を得たものとみるのは必ずしも実情に即さない。

3　本件債務免除当時（直前）の負債が52億7722万9692円（本件債務を除き 4 億4040万8457円）、資産が17億2519万9510円と認められるのであり、これによると、資産よりも負債が 3 倍以上と大幅に上回っており、乙が資力を喪失して本件債務全額を弁済することが著しく困難であったと認めることができるものの、本件債務免除により、乙は資産が負債を大幅に上回る状態になる。よって、本件債務免除に係る48億3682万1235円の全額を債務免除益として源泉所得税額の計算上給与等に算入した本件各処分は、適法とは認められない。

4　本件債務免除をした後、乙は資産が負債を大幅に上回る状態になることが認められるのであり、その上回った部分である12億8479万1053円〔17億

2519万9510円（乙の資産）－4億4040万8457円（本件債務を除く乙の債
務）〕は、本件債務免除によって乙の担税力を増加させるものであり、乙
の利得に当たることが認められるから、所得税法36条1項の「経済的な利
益」に該当することが認められ、この部分については、債務を弁済するこ
とが著しく困難であるとはいえないことになる。本件債務免除益は、乙の
給与等に該当し、これは定期に支払われるものではなく臨時的なものであ
るから、賞与となる。

　上記判示を素直に読むと、債務超過状態の場合は、債務免除益が認めら
れる、債務超過から脱した場合は、経済的利益として、給与認定される、
と読めます。
　しかし、真逆であるオーナー（社長）への貸付金（会社借入金）での提
示した判示の基本的な考え方では、貸付金の評価は、債務超過でない場
合、券面額、単に債務超過状態に陥っている場合においても、債権の時価
評価を券面額より減価することは事実上、不可能であることは過去の裁
判、裁判例、判例から見ても明らかです。つまり、いずれにせよ減価でき
ません。
　表裏一体で平仄を合わせる考え方を採用する蓋然性は全くないものの、
上記判示の指針をよりどころにするのは課税実務では危険と考えます。
　すなわち、この手法はとるべきではありません。

［2］

役員給与の増額相当分で精算

Q28　事前確定相当分による役員貸付金の返済

> 事前確定届出給与におけるいわゆる事前確定相当分において役員貸
> 付金を返済したいと考えています。この場合の問題点をご教示くだ
> さい。

Answer

　事前確定届出給与における事前届出分は現物支給は不可です。今回の場
合、債権になり現物に該当するため、できません。

　なお、所轄等々への電話相談によっては「できる」と回答している事例
もあるようです。

【解 説】

　金銭債権は金銭以外の財産であることから、現物です。例えば、DES
における「会社に対する貸付金」を出資で増資させることを現物出資とい
います。事前確定届出給与における事前届出分につき現物を射程外にして
いる理由は「支給金額が事前に確定している必要がある」→「従って価格
の変動がありうる現物資産は対象外」という論法からきています。

　一方、金銭債権は確かに（通常は）価格の変動はないためその論法では
正しいのですが、そもそも現物に当たるため、現物支給はできない、とい
う第一段階で除外されます。

　とはいえ、所轄等々への電話相談によっては下記の理由によって問題な
く支給対象にしてもよいとする回答もあります。

　　1）事前確定届出給与の趣旨に反さない
　　2）債権の免除は現物資産の支給には当たらない
　　3）「支給時期」「支給金額」を事前に確定し、「実際に支給している」

筆者は2）について理解が到底及びません。筆者自身は実行しません。

［３］

オーナー（社長）個人財産の
売却相当額を充当

Q29　オーナー（社長）個人財産の売却相当額の充当に係る税務上の留意点

> オーナー（社長）個人財産の売却相当額を充当することについて税務上の留意点は何かあるのでしょうか？

Answer

　純然たる第三者に売却し、それで得た現金での回収については、通常の課税関係を考慮するだけです。もし関連会社への譲渡になると物によって税務上適正評価額の論点が生じます。

【解 説】

　上掲 **Answer** に記載したとおりで、譲渡するだけなので

　　・純然たる第三者へ売却　その時の売買価額が時価
　　・同族特殊関係者（個人、法人問わない）へ売却　物によって税務上の適正評価額が変わる

ということになります。

　これらにかかる課税関係については拙著『新版 Q&A 非上場株式の評価と戦略的活用手法のすべて』及び拙著『新版 Q&A みなし贈与のすべて』をご参考ください。

（参考）

▶グループ法人税制回避

　グループ法人税制射程内においては譲渡損益調整資産に該当した含み損益は、当該グループ間の譲渡でも顕在化されません。したがってグループ法人税制回避のためには、

　　・１株でも純然たる第三者に株式を所有させる
　　・従業員持株会に５％以上株式を所有させる

（参考）

平成22年度税制改正に係る法人税質疑応答事例（グループ法人税制関係）（情報）

https://www.nta.go.jp/law/joho-zeikaishaku/hojin/100810/index.htm

↓

https://www.nta.go.jp/law/joho-zeikaishaku/hojin/100810/pdf/03.pdf

---

問3　完全支配関係における5％ルール

答　完全支配関係の判定上、一定の従業員持株会の株式保有割合が5％未満
　　である場合には、その5％未満の株式を発行済株式から除いたところで保
　　有割合を計算することとされています。貴社の従業員持株会が一定の要件
　　を満たすものである場合、持株会保有株式を除く発行済株式（98,000株）
　　の100％を親会社が保有することから、貴社と親会社との間には完全支配
　　関係があると判定され、その取引等にグループ法人税制が適用されます。

【解説】

1　完全支配関係とは、一の者が法人の発行済株式（当該法人が有する自己
　の株式を除きます。）の全部を直接又は間接に保有する関係（以下「当事
　者間の完全支配の関係」といいます。）又は一の者との間に当事者間の完
　全支配の関係がある法人相互の関係をいいます。そして、この完全支配関
　係があるかどうかの判定上、発行済株式の総数のうちに次の①及び②の株
　式の合計数の占める割合が5％に満たない場合には、①及び②の株式を発
　行済株式から除いて、その判定を行うこととされています。①法人の使用
　人が組合員となっている民法第667条第1項に規定する組合契約（当該法
　人の発行する株式を取得することを主たる目的とするものに限ります。）
　による組合（組合員となる者が当該使用人に限られているものに限りま
　す。）の主たる目的に従って取得された当該法人の株式②会社法第238条第
　2項の決議等により法人の役員等に付与された新株予約権等の行使によっ
　て取得された当該法人の株式（当該役員等が有するものに限ります。）

2　したがって、お尋ねの場合の完全支配関係の判定においては、民法上の
組合に該当するいわゆる証券会社方式による従業員持株会が保有する株式
は、上記①の株式に該当します（完全支配関係：有）が、人格のない社団
等に該当するいわゆる信託銀行方式による従業員持株会が保有する株式
は、上記①の株式には該当しない（完全支配関係：無）ことに注意する必
要があります。

【関係法令】
法2十二の七の六法令4の2②基通1-3の2-3

　・財団法人、社団法人に1株でも株式を所有させる
という手法もあります。
　しかし筆者は上掲3つについては、推奨しません。
　他の手法として、下記があります。
　・（主に）株主（主にオーナー（社長）や同側特殊関係者個人）に
　　→譲渡
　　→配当支給
　　→役員退職金支給
　　→役員給与支給
これらが安全です。どれを選択するかは税効果で判定します。

（参照）

（TAINZコード　F0-2-629）
（同族会社の行為計算否認／グループ法人税制回避のために行われた第三者
割当増資）
請求人の総務経理部長ただ一人に対し行われた第三者割当増資は、経済的、
実質的見地において純粋経済人として不合理、不自然な行為であり、法人税
法第132条第1項に規定する「不当」な行為であると判断された事例（平28

－01－06裁決）

3　判　　断

〜中略〜

(2)　認定事実

　　原処分関係資料及び当審判所の調査の結果によれば、以下の事実が認められる。

イ　請求人は、本件各事業年度前の３事業年度において、請求人が所有する不動産を■■■■に譲渡することによって、平成19年10月１日から平成20年９月30日までの事業年度に■■■■■■■、平成20年10月１日から平成21年９月30日までの事業年度に■■■■■■■及び平成21年10月１日から平成22年９月30日までの事業年度（以下「平成22年９月期」という。）に■■■■■■■の各譲渡損失額に係る固定資産売却損を計上し、これらを、当該各事業年度の所得金額の計算上、損金の額に算入して法人税の確定申告をした。

ロ　平成22年度税制改正において、いわゆるグループ法人税制（100パーセントの資本関係で結ばれた企業グループの内部で行われる一定の取引には課税関係を生じさせないとする税制）が制定された。

　　このうち、法人税法第61条の13第１項の規定は、グループ法人間の資産の譲渡取引に着目し、内国法人がその有する譲渡損益調整資産を完全支配関係がある内国法人に譲渡した場合には、当該譲渡に係る譲渡利益額又は譲渡損失額に相当する金額をないものとみなし、その課税関係を、当該資産がグループ法人の外に移転したと認められる一定の事由が生じる時まで繰り延べる制度（以下「本件繰延制度」という。）であり、同制度は、平成22年10月１日以後に行われる譲渡損益調整資産の譲渡について適用されることとなった。

ハ　本件繰延制度が適用された平成22年10月１日現在において、請求人と■■■■との間には、完全支配関係があった。

ニ　本件割当増資に至る経緯等

　(イ)　請求人は、平成22年２月頃、■■■■■■■の■■■■■■■

（以下「■■■■■」という。）から、グループ法人税制の制定により、請求人と■■■■との不動産取引による固定資産売却損の損金算入が認められなくなることを伝えられたのを契機に、■■■■以外の第三者に株式を発行することによって本件繰延制度の適用を免れる方法の検討を始め、その後、同会計事務所及び■■■■■■■■■■■に対し、当該方法の検討を依頼した。

㈑　■■■■は、平成22年10月20日、■■■■■に対し、請求人の従業員に株式を持たせる場合、発行価額をいくらにすればよいかと質問したところ、同税理士は、税務上問題とならない１株当たりの価額は■■■（資本金と資本準備金の合計額■■■■■■■÷発行済株式総数■■■■■■＝■■■、■■■×50％＝■■■）である旨回答した。

㈜　■■■■は、平成22年10月20日、■■■■■■■■■■■■の■■■■■■■（以下「■■■■■」という。）に対し、■■■■以外の第三者に請求人の株式を発行することによるリスクを避けるためにはどうすればよいかと質問したところ、同弁護士は、今後第三者との間でトラブルが生じた場合に株式を買い戻すことができるように、取得条項付株式として発行する方法が考えられる旨回答した。

㈥　上記㈜の■■■■■からの回答を受けて、■■■■は、■■■■■に対し、取得条項付株式の発行方法等の検討を依頼した。

　　これに対し、■■■■は、平成22年10月29日、■■■■に対し、取得条項付株式を発行する方法には、株主割当と第三者割当があり、第三者割当による場合は１株の発行であっても有償増資となり、また、原則として時価発行となる旨助言するとともに、これとは別の角度からの検討として、１株だけを第三者に譲渡してグループ法人税制の適用を免れることが可能か否かにつき、グループ法人税制の適用対象となる「完全支配関係」は、発行済株式等の全部を直接又は間接に保有する関係であり、請求人の株式１株を第三者が保有している場合は、完全支配関係に該当しないこととなるが、第

　　三者が単なる名義人であって、実際の保有者は■■■■であるという場合には、完全支配関係があるものと判定される旨助言した。

㈡　その後、■■■■は、■■■■に対し、■■■■に取得条項付株式を発行するとした場合の発行条件等の検討を依頼した。

　　これに対し、■■■■は、平成22年11月頃、■■■■に対し、会社が別に定める日が到来することを取得の事由とする場合、税務上の観点から、最低7年以上の期間を空けることが相当である旨や、退職時に株式を返還する条項を付けると、従業員持株会と同じになってしまう（従業員持株会の株式は完全支配関係の判定の枠外である。）ので、かかる条項は付さない方がよい旨などを助言した。なお、上記の税務上の観点からの「最低7年以上の期間」は、法令上の確たる根拠に基づくものではなく、更正処分の期間制限等を考慮したというものであった。

㈻　■■■■は、平成22年12月3日、■■■■に対し、請求人の取引先金融機関から第三者割当増資を行った理由を尋ねられた場合には、本件繰延制度の適用を免れるために他人資本（■■■■以外の第三者が保有する株式）を1％入れた旨回答すればよいかと具申し、同月6日頃までに■■■■から了承を得た。

㈷　請求人は、平成22年12月27日、■■■■に対し、取得条項付株式（本件株式）を第三者割当増資の方法により発行した（本件割当増資）。

　　本件株式の発行条件等は、次のとおりであった。

　A　発行価額（払込金額）　　　1株当たり■■■

　B　発行株式数　　　　　　　　20,000株

　C　取得条項

　　㈶　取得価額　　　　　　　　1株当たり■■■

　　㈸　取得可能日

　　　a　平成29年12月28日以後（株式発行日から7年後）において、取締役会で定める日が到来したとき

　　　b　本件株式を所有する株主が死亡したとき

(チ)　■■■■は、平成22年12月27日、上記(ト)の払込金額（合計■■■
　　　■■■）を支払い、本件株式を取得した（本件割当増資）。

(リ)　請求人は、本件割当増資の募集に当たり、■■■■以外の従業員
　　　に対して募集の周知をしていなかった。また、本件割当増資の後、
　　　平成26年9月29日付で原処分がされるまで、請求人がその株式を■
　　　■■■以外の従業員に割り当てることもなかった。

ホ　請求人の平成22年9月期の売上高は■■■■■■■■、経常利益は
　　■■■■■■■■、当期純利益は■■■■■■■であり、また、平成
　　22年9月期末における負債合計は■■■■■■■、純資産合計は■
　　■■■■■■であった。

(3)　本件割当増資が「不当」と認められるかについて

イ　本来、新株発行による増資は、企業活動に必要な資金の調達、財務
　　基盤の強化等を目的として行われるものであるところ、上記(2)のニの
　　(チ)のとおり、本件割当増資による払込金額は■■■■■にすぎず、
　　同ホのような請求人の事業規模に照らして、資金調達等の経済的効果
　　はないに等しいと評価できる。

　　　一方、上記(2)のイないしニの事実関係からすると、請求人は、本件
　　繰延制度の施行により、■■■■との間に完全支配関係を有したまま
　　では、同制度の施行前に認められていた請求人・■■■■間の不動産
　　取引による固定資産売却損の損金算入が認められなくなることから、
　　かかる事態を回避し、同制度の施行後も当該売却損の損金算入を続け
　　るため、請求人・■■■■間の完全支配関係を解消して同制度の適用
　　を免れる目的で、本件割当増資を行ったものと認められる。

　　　そして、上記(2)のニの(イ)ないし(ヘ)によれば、本件割当増資における
　　本件株式の発行条件等（発行価額、取得条項）は、本件繰延制度の適
　　用を免れることができるかという観点から定められたものと認めら
　　れ、他方、請求人が、本件割当増資に当たり、経済的合理性の観点か
　　ら、その財産状況や経営状態等を具体的に検討ないし勘案した形跡は
　　うかがわれない。

　　　また、上記1の(3)のイの(イ)、同ロ及び上記(2)のニのとおり、請求人

は、約1,000名の従業員を擁する中で、本件割当増資において割当て
の対象者としたのは、総務経理部長として第三者割当増資による本件
繰延制度の適用回避に向けた立案、検討に深く関与した■■■ただ
一人であり、同人以外の従業員に対しては、本件割当増資の後も含
め、一切割当てを行っておらず、そもそも募集の周知すらしていな
い。

　これらの諸点に鑑みれば、本件割当増資は、経済的、実質的見地に
おいて純枠経済人として不合理、不自然な行為であるといわざるを得
ず、法人税法第132条第1項に規定する「不当」な行為であると認め
るのが相当である。

ロ　請求人の主張について

(イ)　請求人は、税負担の軽減を目的とした取引を行うこと自体は禁止
されているものではない旨主張する。

　しかしながら、税負担の軽減を目的とした取引を行うこと自体が
一般的に禁止されているものではないとしても、上記(1)のとおり、
法人税法第132条第1項は、そのような取引等のうち、税負担を不
当に減少させて租税公平主義を害するようなものを否認して更正等
を行う権限を税務署長に認めたものであって、そのような取引等は
税法上許容されないことを明定したものであると解されるから、請
求人の主張は本件割当増資への同項の適用を否定する理由となるも
のではなく、採用することができない。

(ロ)　請求人は、本件割当増資には、本件繰延制度の適用を免れる目的
のみでなく、従業員の士気高揚という目的もあった旨主張する。

　しかしながら、上記1の(3)のイの(イ)、同ロ及び上記(2)のニのとお
り、請求人は、約1,000名の従業員を擁する中で、本件割当増資に
おいて割当ての対象者としたのは、総務経理部長として第三者割当
増資による本件繰延制度の適用回避に向けた立案、検討に深く関与
した■■■ただ一人であり、同人以外の従業員に対しては募集の
周知すらしておらず、本件割当増資から4年弱が経過した原処分時
に至っても、同人以外の従業員に株式を割り当てた実績は1件もな

かったことに加え、本件株式には、上記(2)のニの(ト)のCの内容の取得条項を付すことで、■■■■以外の者の資本参入に歯止めが掛けられている上、取得価額も単に発行価額の倍額とするもので、請求人の財産状況や経営状態を具体的に検討ないし勘案した形跡はうかがわれず、第三者割当増資本来の意味での経済的合理性を踏まえた士気高揚効果があるとは認め難いことに照らせば、本件割当増資に士気高揚目的があったとは認めることができず、請求人の主張は採用することができない。

(ハ)　請求人は、割当増資を行うに当たり、経済的合理性の観点から最も重要な募集事項は払込金額であるが、本件割当増資は、払込金額について分合理的な検討がされている旨主張する。

　　　しかしながら、上記(2)のニの(ロ)及び上記イのとおり、本件割当増資の払込金額は、税務上問題とならなければよいとの観点から定められたものと認められ、経済的合理性の観点から、請求人の財産状況や経営状態等を具体的に検討ないし勘案された形跡はうかがわれないから、請求人の主張は採用することができない。

(4)　本件割当増資によって「法人税の負担を…減少させる結果となる」と認められるかについて

イ　上記1の(3)のロ、ハの(イ)及び上記(2)のイないしニによれば、請求人は、本件割当増資によって請求人・■■■■間の完全支配関係を解消し、本件繰延制度の適用要件を不充足とすることにより、同制度の適用を免れ、本来、同制度の適用により繰り延べられるべき本件各固定資産売却損を、本件各事業年度の所得金額の計算上、損金の額に算入し、法人税額を減少させたものと認められるから、本件割当増資によって「法人税の負担を…減少させる結果となる」ものと認めることができる。

ロ　請求人の主張について

(イ)　請求人は、法人税法第132条第1項の規定の趣旨は、税負担の公平を維持することにあることからすれば、単年度のみをもって法人税の負担を減少させるか否かを判断すべきではなく、係争事業年度

を全体的、総合的に考察してこれを判断しなければならない旨主張するが、同項の規定の適用に当たり、単年度ごとの要件判断をすべきでないと解する根拠はなく、請求人の主張は独自の見解というほかない。

㈹　また、請求人は、本件割当増資それ自体によっては、請求人の法人税の負担を減少させる結果は生じていないなどと主張する。

　　しかしながら、上記イのとおり、本件割当増資に起因して請求人の本件各事業年度の法人税額を減少させたものと認められるから、請求人の主張は採用することができない。

［４］

債権回収会社等に債権譲渡、
生命保険等に切替え

Q30　債権回収会社等への債権譲渡の全体像

債権回収会社等への債権譲渡の全体像をご教示ください。

Answer

全体像を理解すること自体は非常に簡単ですが、これを取り組んでいる業者を探すことのほうが現実としては困難です。最終的に生命保険に化体させるので一部の保険代理店は取り組んでいます。

以前は金融機関が同商品を販売していました。

【解説】

全体像は下記になります。

（STEP 1）　ファイナンス会社（サービサーやファクタリング業者等々の場合もある）が当該法人の「役員貸付金」を買い取ります。

（STEP 2）　法人は上記により売買代金を受領できます。代金受領後、法人で積立型の生命保険を契約します。この際、換価性の高い生命保険証券を担保として提供することになります（質権設定）。

（STEP 3）　役員個人での返済を開始します。これは、結果として、役員個人の退職金財源（保険積立金）を積み立てている状態と同様です。貸借対照表上では（借方）保険積立金になります。最終的には役員退職慰労金支給時と借入金を相殺することなく、退職慰労金を受け取ることが可能となります。

課税関係が生じるわけでもなく、税務処理は簡便です。また、役員貸付金を一挙に解消したいという場合、タイミングが合えば役員退職金と相殺する手法とこの手法以外、最適手法はありません。生命保険に抵抗がなければ実行してもよいかもしれませんが、節税手法ではないため専ら対与信

手法として利用されることになります。また、通常は役員貸付金の金額が多額である場合のみ検討材料になりえます。

　金額僅少や役員からの回収めどが立っている場合であれば、ここまでする必要はありません。

　なお、一般的に債務超過法人では利用できません。

　また契約締結時の契約書について民法に不慣れだとなかなか解読が難しいところがあります。民法に不慣れである方は提携弁護士に確認をすべきです。

Q31 返済途中で役員が死亡した場合の課税関係

> 返済途中の役員が死亡した場合の課税関係はどうなりますか？

Answer

全体像を理解していれば下記の流れは非常に単純です。難しい課税関係が生じることもありません。

【解 説】

当人の死亡時の状況は以下であると仮定します。数値は全て仮の値です。

・返済残高：1,000

・死亡時までに返済された金額：400（残債：600）

・死亡保険金：1,500

・死亡退職金：3,000（税務上の適正評価額であるとします）。

(STEP 1) ファイナンス会社は残債600を死亡保険金1,500から回収します。同時に質権設定が解除されます。そして債権譲渡契約は終了します。

(STEP 2) 上記のように当該法人がファイナンス会社から回収された600は保険金から支払われたものです。1,000から400を差し引いた残債600については一旦当該法人が受け取ります。これは債務控除の対象となります。

(STEP 3) 上掲の残債600と死亡退職金3,000は相殺されます。差額としての2,400が実質の支払金額です。

（付録）

当局調査と税務取引の
エビデンスに係る考え方

付録Q1 エビデンスの意義

> 税務調査に対応するためのエビデンスの意義についてその概略を教えてください。

Answer

エビデンスとは、一般的に証拠・物証・形跡等を含めた意味合いとして用いられ、本書における税務上のエビデンスも基本的にはこれと同じ意味で用いることとします。具体的には税務調査等を受けたときに納税者が調査官に提示してその主張を根拠付ける資料のことをいいます。社会通念（＝常識）に従い、広範に捉えます。

当局との見解の相違が事実認定レベルと法解釈レベルのどちらかという点については、調査の初動時に確認すべき事項です。

【解 説】

税務調査等に対応するためのエビデンスとは、外部によって作成された外部証拠資料と、本人が作成に関わった（法人の場合、当該法人が主に作成に関わった）内部証拠資料とに大別されます。そして、証拠資料は、一般的に内部証拠資料より外部証拠資料のほうが疎明力が高い、証拠能力が強いといわれます。

内部証拠資料は証明力に関して納税者自身により作成されるという点で弱いといえますが、当該証拠は、納税者自身の「判断」を主張する手段として活用することができます。そのため、税務調査等における納税者の説明の方法いかんによっては、外部証拠資料より主張力の点では高い場合も十分にあり得ます。すなわち、証拠力としては外部証拠資料のほうが高いことは確かですが、当事者の主張は内部証拠資料のほうで意思表明をすることができるということです。

税務調査等において、エビデンスは事実関係を明らかにする手段の1つ

です。事実関係に係る説明の点で、納税者側においても当局においても活用されることになり得ます。納税者が現場の調査に対応する際のエビデンス作成、整理、主張に係る最大のポイントは、当局担当者に対し、「この現場で処分をしたところで、国税不服審判所や裁判所などの係争機関に出れば勝てない可能性が高い」と思わざるをえないような説得力が十分にある資料を常日頃から用意しておくことです。

　このように国税不服審判所や裁判所で仮に係争になったとした場合の事実認定に係るレベルと同等のレベルの事実関係の主張・整理が極めて重要となります。何がエビデンスとしての決定打となったかを検証することは実務において必要不可欠です。

　証拠の有無、証明力、自己の主張について、どこまでエビデンスの裏付けをもって立証できるか、上記の資料をも順次検証し、それを用意しておけば、すなわち、これらを実務でそのまま活かせば、当局の調査に十分対応できます。

　一方で、納税者が結果として勝利したとはいえ、それは周辺の関係事実に関しての主張の積み重ねが認められた結果論にすぎないという、厳しい評価もできる裁決・裁判例も少なからずあります。しかし、原則として、証拠がなくても周辺事実の積み重ねを丁寧に説明、主張することで納税者の考え方、主張がいつでも認められるとは限りません。不遜な言い方かもしれませんが、それは少々考えが甘いと言わざるをえません。エビデンスの事前準備こそが納税者の主張を強める大きな手段の1つと断言できます。

付録Q₂　エビデンスの活用の基本事項

> エビデンスの活用にあたって基本事項を教えてください[1]。

Answer

　最小限の解説にとどめますが、直接証拠と間接証拠、弁論の全趣旨と事実認定などについては最低限押さえておく必要があります。

【解 説】

1　直接証拠と間接証拠

①　直接証拠

　直接証拠とは、法律効果の発生に直接必要な事実（主要事実、要件事実、直接事実）の存否を直接証明する証拠をいいます。

　例えば、弁済の事実を証明するための受領書や契約締結の事実を証明するための契約書等をいいます。

　課税要件事実を証明できる証拠という観点からすれば、直接証拠とは課税要件事実を推認することなどを要せず直接に証明できる証拠を指します。

②　間接証拠

　間接事実（主要事実の存否を経験則上推認させる事実）又は補助事実（証拠の信用性に影響を与える事実）の存否に関する証拠です。間接的に主要事実の証明に役立つ証拠をいいます。

　例えば、貸金返還請求訴訟において、金銭消費貸借契約が締結された事実（主要事実）そのものの事実を借主が否認した場合、当時借主がお金に

1　情報　調査に生かす判決情報第89号　令和元年7月　証拠収集の重要性～隠蔽又は仮装の認識を推認するための立証～東京地裁平成25年4月18日判決（国側勝訴・確定）　東京国税局課税第一部国税訟務官室、を参照しています。

困っていた事実や借主には他の借金があり当時その借金の弁済をしていた事実は間接事実であり、これらの事実を証明するための証人は間接証拠に当たります。また、証人の証言内容の信頼性を明らかにする補助事実として、証人の記憶力・認識力を明らかにする鑑定なども間接証拠です。

　なお、当局調査においては代表者の聴取内容を記録した聴取書等々はその内容いかんによって上記のいずれかに分類されます。

　課税要件事実を証明できる証拠という観点からすれば、間接証拠とは、課税要件事実を直接証明できないが、間接的に課税要件事実の証明に役立つ証拠を指します。

2　弁論の全趣旨と事実認定

①　弁論の全趣旨

　民事訴訟において、証拠調べの結果以外の口頭弁論に現れた一切の資料・状況をいい、当事者・代理人の弁論（陳述）の内容・態度・時期、釈明処分の結果などが含まれます。

②　事実認定

　事実認定は、自由心証主義（民訴法247）の下で、弁論の全趣旨と証拠調べの結果を斟酌して、経験則（経験から帰納的に得られた事物に関する知識や法則であり、一般常識的な経験則から専門科学的知識としての経験則まで、多岐にわたります。）を適用して判断されるものです[2]。

3　主要事実の認定における直接証拠と間接証拠の位置付け

　訴訟において主要事実（法律効果の発生に直接必要な事実）の認定は、直

2　『新民事訴訟法（第5版）』新堂幸司（弘文堂）、『新民事訴訟法講義（第3版）』中野貞一郎ほか（有斐閣）、『ステップアップ民事事実認定』土屋文昭ほか（有斐閣）、『附帯税の事例研究（第4版）』品川芳宣（財経詳報社）、『法律学小辞典（第5版）』高橋和之ほか（有斐閣）、『民事訴訟における事実認定』（法曹会）

接証拠のみでされることは少なく、一般的に、間接証拠との総合によって
される場合が多いといえます。

　間接証拠によって事実を認定する場合は、間接証拠から間接事実を認定
した上で、その間接事実に経験則を当てはめて「推認」していく過程が不
可欠であるのに対し、直接証拠によって認定する場合は、そのような過程
は必要ありません。

　しかし、だからといって、一般論として、直接証拠による認定のほうが
心証の程度が高いということになるわけではありません。

　ちなみに、最高裁昭和43年2月1日第一小法廷判決によると、事実認定
に用いられる「推認」の用語法は、裁判所が、証拠によって認定された間
接事実を総合し経験則を適用して主要事実を認定した場合に通常用いる表
現方法であって、証明度において劣る趣旨を示すものではないものとされ
ます。

4　税務調査における（係争を意識した）事実認定

　税務調査において、係争を意識した資料を作成することは先述のとおり
ですが、提出された事実（主要事実、間接事実、補助事実）について、当事
者がその存否を争った場合、税務調査では税務調査官とのやりとりにおい
て、係争では係争機関が事実を認定する必要があります。

　裁判所の場合、訴訟当事者間において争いのない事実に加え、証拠（裁
判所が採用した直接証拠、間接証拠）や弁論の全趣旨によって認定事実を確
定し、当該事実に法令を適用して判断をしていきます。

　訴訟当事者にとっては、自らにとって有利な事実認定を正当化するに足
りる強力な証拠を探索・収集し、それを証拠として裁判所に提出し、その
事実の存在について裁判官を説得することが、訴訟を勝訴に導く上で重要
となります。

5　税務調査において当局が意識している証拠資料の収集・保全を行う際に留意していること

　訴訟当事者は、自己にとって有利な事実の存在について、証拠（直接証拠・間接証拠）をもって裁判官を説得することが、訴訟を勝訴に導く上で重要であることから、税務調査に当たっては、係争を見据えた次のような点について留意します。

　また、やみくもに自己に有利な事実（課税要件の充足を肯定する証拠）のみを集めればよいものではなく、自己に不利な事実（課税要件の充足を阻害する証拠）が認められる場合には、当該事実を踏まえてもなお課税を相当とすることができるか否か、慎重に検討を行うことが必要とされています。

付録Q3　納税者側のエビデンスの活用手段

税務調査における納税者側のエビデンスの活用手段を、以下の３点を中心に教えてください。

1　反証について
2　裁決・裁判例での反論について
3　証拠をどこまで提示するかについて

Answer

1、3については証拠との接近性の観点から当初申告時から納税者に挙証が求められることも多くあります。

2についてはそれ自体、証拠ではないものの、現実論として税務調査では交渉で利用されたりすることも多いため、ここで確認します。当該裁決・裁判例の先例があるかどうかの見極めが必要です。

【解 説】

1　反証について[3]

題材として反証について当局がどのように理解しているかを確認します。

当局は、

簿外経費等は、その存在を合理的に推認させるに足りる程度の具体的な反証を行わない限り、当該簿外経費等は存在しないとの事実上の推定が働く

としています。

具体的には、

---

[3]　情報　調査に生かす判決情報第54号　平成28年４月　〜判決（判決速報№1381【法人税】）の紹介〜　東京国税局課税第一部国税訟務官室、を参照・引用しています。

「本件の争点」

　簿外の経費及び貸倒損失は損金の額に算入できるか否か

についてのコメントです。

　裁判所の判断として、

　「簿外の経費及び貸倒損失は損金の額に算入できるか否か（争点3）
について法人税法は、内国法人に対し、事業年度ごとに所得金額及び
法人税額等を記載した申告書を提出するよう義務付け（74条1項）、
当該申告書には、当該事業年度の貸借対照表及び損益計算書等の書類
を添付しなければならないものとするなど、確定した決算に基づいて
正しい申告をすべきことを求めている上、損金となる費用の存在が納
税者にとって有利な事実であり、その証憑書類を整理・保存し、帳簿
に計上することも容易であることからすれば、X社が損金として未
申告の簿外の経費及び貸倒損失が存在すると主張するときは、当該証
拠との距離からみても、X社が損金となる簿外の経費及び貸倒損失
の存在を合理的に推認させるに足りる程度の具体的な反証を行わない
限り、当該簿外の経費及び貸倒損失は存在しないとの事実上の推定が
働くものというべき（※下線筆者）である。

　X社は、簿外の経費及び貸倒損失がある旨主張し、これを裏付け
る証拠を提出するが、X社の実質的経営者であるAは、商業ビルの
固定資産売却益を不正に圧縮するため、配下の者等に指示をするなど
して、内容虚偽の関係書類を多数作成させていること、Bが、Aの配
下の者や貸付先の顧客は、普段から不定期に、Aに対して、印鑑登
録証明書や登録印鑑を預けさせられていた旨供述していることなどを
鑑みると、提出証拠は上記簿外の経費等の支払を仮装するために作成
された可能性があるから、信憑性を欠く（※下線筆者）ものというべ
きである。

　以上に述べたところによれば、X社が簿外経費等を支払ったとの
事実はないと認めるのが相当であり、この認定を覆すに足りる的確な

　証拠はない。」

　これを踏まえて「国税訟務官室からのコメント」においては、次のように述べています。

〈簿外経費等の立証責任等について〉

　簿外経費等の存在については、調査段階あるいは不服申立て段階に事後的にその証拠が提出され、主張される場合が少なくない。

　簿外経費等の立証責任については、本判決において「損金として未申告の簿外の経費及び貸倒損失が存在すると主張するときは、当該証拠との距離からみても、その主張する者が損金となる簿外の経費及び貸倒損失の存在を合理的に推認させるに足りる程度の具体的な反証を行わない限り、当該簿外の経費及び貸倒損失は存在しないとの事実上の推定が働くものというべきである。」と判示されている。

　しかしながら、このような簿外経費等の存在は、課税所得の計算に直接影響を与えるものであることから、これらの主張があった場合には、調査・検討を十分に行い適切に対応する必要がある。事案によっては、虚偽の簿外経費等の存在を主張する場合も考えられ、これを見逃した場合には、著しく課税の公平を欠くこととなるので、留意されたい。本件においては、不服申立て段階において、簿外の支払手数料、借入金の支払利息、弁護士費用及び貸倒損失が存在するとして、主張及び証拠の提出がなされたが、入念な調査、証拠書類等の検討・分析を行い（下記に事例の一部を示す。）、弁護士費用を除いては、その支払の事実及び貸倒損失の前提となる貸付けの事実は認められない旨主張・立証し、裁判所もこれを認め、国側が勝訴した。

　注目すべきは次の図解です。

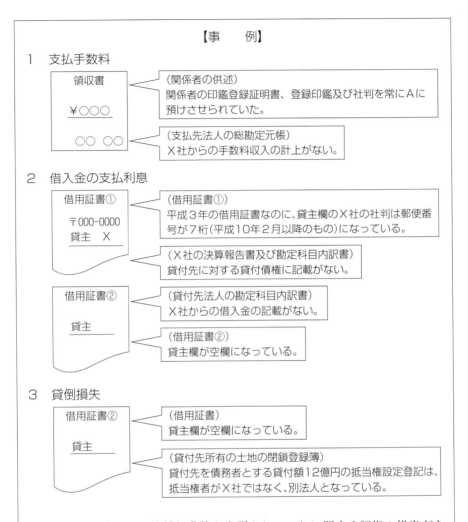

【事　例】

1　支払手数料

領収書

¥○○○

○○　○○

（関係者の供述）
関係者の印鑑登録証明書、登録印鑑及び社判を常にAに預けさせられていた。

（支払先法人の総勘定元帳）
X社からの手数料収入の計上がない。

2　借入金の支払利息

借用証書①

〒000-0000
貸主　X

（借用証書①）
平成3年の借用証書なのに、貸主欄のX社の社判は郵便番号が7桁（平成10年2月以降のもの）になっている。

（X社の決算報告書及び勘定科目内訳書）
貸付先に対する貸付債権に記載がない。

借用証書②

貸主

（貸付先法人の勘定科目内訳書）
X社からの借入金の記載がない。

（借用証書②）
貸主欄が空欄になっている。

3　貸倒損失

借用証書②

貸主

（借用証書）
貸主欄が空欄になっている。

（貸付先所有の土地の閉鎖登録簿）
貸付先を債務者とする貸付額12億円の抵当権設定登記は、抵当権者がX社ではなく、別法人となっている。

　このように事後的に簿外経費等が主張され、これに関する証拠の提出がなされた場合には、虚偽のものである可能性も十分にあり得ることから、その主張や証拠を鵜呑みにせずに、書類の作成当時の時代背景や社会情勢なども考慮し、その真偽を検討することが重要である。

　簿外経費の争点以前の問題として契約書等々の記載内容についてどこに着目すべきか詳説されています。

　証拠との接近性から納税者に挙証責任があるとの争点もあがっていますが、そもそも当初申告の挙証責任は課税庁側にあることを貫徹し納税者側が勝訴した事例も当然あります。

（参考）

その他行政文書　調査に生かす判決情報078

情報　調査に生かす判決情報第78号　平成29年6月　証拠収集の重要性－課税処分取消訴訟の立証責任は国側が負う－東京地裁平成15年5月15日判決（国側一部敗訴・相手側控訴）東京高裁平成16年3月30日判決（原審維持・確定）　東京国税局課税第一部国税訟務官室

▼裁判所による事実認定は、証拠がなければ認定されない
　（課税処分取消訴訟における立証責任（挙証責任）の所在）

○一般に、課税処分取消訴訟における立証責任（挙証責任）は、原則として国側にあり、立証するための証拠がない場合には裁判所の事実認定が得られない可能性が高い。したがって、調査先からの証拠の収集が困難である場合には、速やかに反面調査等の補完調査を行って可能な限り証拠を収集することが必要である。

○本件は、X（附属病院などを経営する学校法人）が製薬会社等の委託に基づいて治験等（治験、委託研究等）を実施し、それに起因して受領した寄附金名目の金員（以下「本件寄附金」という。）が、収益事業（請負業）に係る収入に該当するか否かが争点となった事件である。

　本件寄附金について、Y（課税庁）が治験等の対価（収入金額の計上漏れ）に当たると主張した金額のうち、証拠上、治験等に係る役務提供の対価として支払われたことが認められる約6割の金額については、収益事業に係る収入に該当するとされたものの、残余の約4割の金額については個々の寄附金の内容の立証が不足しているとして、Yの主張が排斥され

た。

○本件は、原処分調査において、調査資料の収集について X の調査協力が
得られなかったなどの諸事情があったことから、証拠資料の収集が不十分
であった事案であり、税務訴訟における証拠の重要性を示す典型的な裁判
例といえる。（※下線筆者）」

（中略）

〔調査に役立つ基礎知識〕

○立証責任（挙証責任）の意義

　　事実が存否不明のときには、原則として、存否不明の事実は存在しない
ものと扱いその事実を要件とする法律効果の発生を認めない裁判をするよ
うに命じるものである。

　　これを当事者からみると、ある事実が存否不明であるときには、いずれ
か一方の当事者が、その事実を要件とした自分に有利な法律効果の発生が
認められないことになるという不利益を負わされている。このような当事
者に及ぼす危険又は不利益を立証責任（挙証責任）という。

○課税処分取消訴訟における立証責任（挙証責任）

(1)　課税処分取消訴訟は、課税処分の適否について争われるから、主要事
　　実（課税処分の根拠となる事実）の存否についての立証責任（挙証責
　　任）は、原則として国側が負うことになる。したがって、国側は、主要
　　事実を裁判所に認定される程度の証拠を提出する必要がある（※下線筆
　　者）。

　　　　この点については、最高裁判所昭和38年3月3日第三小法廷判決（訟
　　務月報9巻5号668ページ）において、「所得の存在及びその金額につい
　　て決定庁が立証責任を負うことはいうまでもないところである。」と判
　　示されており、多くの裁判例や学説も、原則として国側に立証責任（挙
　　証責任）があるものと解している。

(2)　これに対して、相手側（納税者）は、国側が主張する主要事実を否認
　　する証拠（反証）を提出し、これにより裁判所の心証を、その主要事実
　　が存在するとも存在しないとも分からない程度の状態に至らせば、上記

のとおり、立証責任（挙証責任）の原則により、当該課税処分の根拠と
なる事実が存在しないことになってしまう。

（中略）

1　事件の概要

　　Xは、大学（医学部）及び附属病院などを経営する学校法人であり、
製薬会社等からの委託に基づいて治験等を実施し、本件寄附金を受領して
いた。

　　Yは、Xが平成2年3月期の法人税の確定申告をしていないことから
調査に着手したところ、Xが指摘事項の一部については期限後申告に応
じたものの、本件寄附金については申告に応じなかったことから、更正処
分等を行った。Xは、これを不服として本訴に及んだ。

2　取引の概要

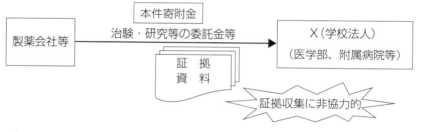

（中略）

5　本判決の分析

(1)　本件訴訟では、Xが調査に非協力であったこと等の理由により、Y
　において、本件寄附金の個々の内容に係る資料が不足（本証が不足）し
　ていたのに対し、Xは、その個々の内容について、治験等に起因する
　か否かを調査したとするX所属のA教授の証言等に基づく反証を行っ
　た。

(2)　裁判所は、下表のとおり、本件寄附金のうち、Yから治験等に係る
　役務提供としての証拠の提出がないものや、X所属のA教授の調査結
　果を覆すに足りる証拠がないもの等については、立証責任（挙証責任）
　を負うべきYにおいて、治験等に係る役務提供の対価であると認める

に足りる具体的な主張、立証はないとして、Ｙの主張を排斥し、寄附金として認定した。

(3)　以上を踏まえると、<u>証拠を提出できない場合は裁判所の事実認定が得られない可能性が高いこと</u>から、<u>調査先からの証拠の収集が困難な場合には、速やかに反面調査等の補完調査を行って証拠を収集するなど、可能な限り証拠の収集・保全に努めることが必要である。</u>（※下線筆者）

		Ｘ（学校法人）による反証	Ｙ（課税庁）主張	判　　決
本件寄附金	No.1	Ａ教授の調査結果によれば、治験等の対価とは認められない	証拠あり	収益事業
	No.2	Ａ教授の調査結果によれば、治験等の対価とは認められない	証拠なし	寄附金
	・	・	・	・
	No.700超	Ａ教授の調査結果によれば、治験等の対価とは認められない	証拠あり	収益事業

2　裁決・裁判例での反論について

　当局調査「時点」での反論として過去の裁決・裁判例を利用することはよくあります。しかし、調査官から下記のような再反論を受けることも非常に多くあります。

・裁判例であれば一定程度、課税庁を拘束するので、反論根拠になるのは納得する。

・裁決は国税不服審判所という行政機関の判断であるから、課税庁は拘束されるおぼえがない、すなわち反論の根拠にならない。

　この場合、裁決の拘束性を検証します。行政不服審査法第43条第１項によれば、裁決は拘束力を有します。

（参考）

「裁決結果の公表基準について（事務運営指針）」

（平成12年9月8日　国税不服審判所長）

（趣旨）

　国税不服審判所においては、従来より、納税者の正当な権利利益の救済を図るとともに、税務行政の適正な運営の確保に資するとの観点から、<u>先例となるような裁決について</u>（※下線筆者）、固有名詞を匿名にするなど、審査請求人等の秘密保持に十分配意した上で、裁決結果を公表してきたところであるが、今般、公表基準の明確化を図ることとしたものである。

記

1　裁決結果の公表基準

　(1)　納税者の適正な申告及び納税のために有用であり、かつ、<u>先例性があるもの</u>（※下線筆者）

　(2)　適正な課税・徴収の実務に資するものであり、かつ、<u>先例性があるもの</u>（※下線筆者）

　(3)　その他、納税者の正当な権利利益の救済等の観点から国税不服審判所長が必要と認めたもの

　(注)　例えば、次に掲げるものは、上記の基準に該当する。

　　○法令又は通達の解釈が他の事案の処理上参考となるもの

　　○事実認定が他の事案の処理上参考となるもの

　　○類似の事案が多く、争点についての判断が他の事案の処理上参考となるもの

　　○取消事案等で納税者の主張が認められた事案で先例となるもの

2　ただし、次に該当する場合には公表しない。

　(1)　審査請求人等が特定されるおそれのあるもの

　(2)　審査請求人等の営業上の秘密が漏れるおそれのあるもの

　(3)　その他、審査請求人等の正当な権利利益を害するおそれのあるもの

以上

（参考）

「裁決結果の公表基準の取扱いについて（指示）」

（平成23年3月4日　国税不服審判所長）

「裁決結果及び裁決要旨の公表手続について（事務運営指針）」（平成23年3月29日　国税不服審判所長）

　むしろ、前段の、

　・裁判例であれば一定程度、課税庁を拘束するので、反論根拠になるのは
　　納得する。

　これは慣行であって、絶対ではありません。裁判例といえども先例として認められているもの、そうでないもの（限界事例）があります。限界事例とされている裁判例は原則として反論としては利用できません。この区分は実務家単独で判断することは困難で、また、独自に判断できる性格のものではないため、研究者の判例評釈等々で区分されているものを確認するのが最も簡便です。

3　証拠をどこまで提示するか

　質問検査権に係る条文は下記のとおりです。

国税通則法第74条の2

　国税庁、国税局若しくは税務署又は税関の当該職員（中略）は、所得税、法人税、地方法人税又は消費税に関する調査について必要があるときは、次の各号に掲げる調査の区分に応じ、当該各号に定める者に質問し、その者の事業に関する帳簿書類その他の物件（中略）を検査し、又は当該物件（中略）の提示若しくは提出を求めることができる。

　税務調査で提示・提出しなければならないのは、「その者の事業に関す

る帳簿書類その他の物件」とされています。

　「その者の事業に関する」と規定されていますから、個人事業主に対する調査においては、事業用と生活費用の通帳が「明確に分かれている場合」、生活費用の通帳を見せる必要は一切ありません。

　法人も同様で、法人と役員が金銭の貸借をしている場合などを除いて、個人用の通帳を見せる必要は一切ありません。

（参考）

「税務調査手続に関するFAQ」（一般納税者向け）

問7　法人税の調査の過程で帳簿書類等の提示・提出を求められることがありますが、対象となる帳簿書類等が私物である場合には求めを断ることができますか。

【回答】

　法令上、調査担当者は、調査について必要があるときは、帳簿書類等の提示・提出を求め、これを検査することができるものとされています。

　この場合に、例えば、法人税の調査において、その法人の代表者名義の個人預金について事業関連性が疑われる場合にその通帳の提示・提出を求めることは、法令上認められた質問検査等の範囲に含まれるものと考えられます。

　調査担当者は、その帳簿書類等の提示・提出が必要とされる趣旨を説明し、ご理解を得られるよう努めることとしていますので、調査へのご協力をお願いします。

国税通則法調査関連通達1－5
　（質問検査等の対象となる「帳簿書類その他の物件」の範囲）

　法第74条の2から法第74条の6までの各条に規定する「帳簿書類その

他の物件」には、国税に関する法令の規定により備付け、記帳又は保存をしなければならないこととされている帳簿書類のほか、各条に規定する国税に関する調査又は法第74条の３に規定する徴収の目的を達成するために必要と認められる帳簿書類その他の物件も含まれることに留意する。

（参考）

「税務調査手続等に関するＦＡＱ（職員用）【共通】平成24年11月　国税庁課税総括課」

問１-26

「調査の対象となる帳簿書類その他の物件」における「その他の物件」というのはどのようなものを指すのか。

（答）

「その他の物件」とは、例えば、金銭、有価証券、棚卸商品、不動産（建物・土地）等の各種資産や、帳簿書類の（作成の）基礎となる原始記録などの当該調査又は徴収の目的を達成するために必要な物件が該当します（手続通達１-５）。

ただし、証拠保全の観点からは、むしろ個人用、生活費用の通帳等々を見せたほうが重要な疎明力を有することもあります。典型的なのが法人と役員が金銭の貸借をしている場合などです。

付録**Q**4　納税者側が不利になる致命的な資料

> 税務調査において納税者側が圧倒的に不利になる致命的な資料について教えてください。

Answer

　裁判例における当局側の提出した証拠が参考になります。「経済的合理性＜節税目的」が全面に打ち出されている資料が証拠となったとき原則として納税者の主張は通りません。

【解　説】

　代表的なものとしてここでは２例挙げておきます。いずれも意図的に有名な事案をもとにしています。

1　土地建物の評価／節税目的で取得した不動産における評価通達６の適用の是非

> 最高裁判所（第三小法廷）令和２年（行ヒ）第283号　相続税更正処分等取消請求事件（棄却）（確定）令和４年４月19日判決（TAINS コード Z888－2406）
>
> （一部抜粋、地裁）
> ⑷　本件乙不動産は、本件被相続人が、平成21年12月25日付けで、売主である株式会社 M から総額５億5,000万円で購入したものであった（以下、同購入額を「本件乙不動産購入額」といい、本件甲不動産購入額及び本件乙不動産売却額と総称して「本件各取引額」という。）。
> 　なお、本件被相続人は、同月21日付けで、訴外 E から4,700万円を借り入れた。また、本件被相続人は、同月25日付けで K 信託銀行から３億7,800万円を借り入れており（当該借入れについて G、訴外 E、原告 A 及

び訴外Fが連帯保証をした。）、<u>同銀行がその際に作成した貸出稟議書（乙14）の採上理由欄には「相続対策のため本年1月に630百万円の富裕層ローンを実行し不動産購入。前回と同じく相続税対策を目的として第2期の収益物件購入を計画。購入資金につき、借入の依頼があったもの。」との記載がある。</u>（※下線筆者）

　上記の稟議書は金融機関への反面調査ですぐに発覚します。また、金融機関は相続対策や事業承継対策で提案書を持参することが多々ありますが、ほとんどの資料が節税効果を打ち出した資料になっており、経済的合理性、なぜ、その取引をその時に、実行する必要性があったかという、いわゆる理論武装やストーリーを用意してきません。必ず用意させることが必要です。

2　TPR事件／特定資本関係5年超要件を満たす合併における法法132条の2の適用

東京高等裁判所令和元年（行コ）第198号　法人税更正処分等取消請求控訴事件（棄却）（上告及び上告受理申立て）令和元年12月11日判決（TAINSコード Z269-13354）

（一部抜粋、地裁）

㈹

　小括

　以上のとおり、<u>原告は、経理部から吸収合併スキームが提案された時点においても、旧B社の有する未処理欠損金額の全てを原告に引き継ぐという税負担減少を主たる目的として本件合併を企図したものである上、その後、新B社の概要を決定する段階からは、旧B社の有する未処理欠損金額の全てを原告が利用するという税負担減少のみを目的として本件合併を行ったことが明らか</u>（※下線筆者）であり、原告が本件合併の目的として主張する旧B社の損益改善は、本件単価変更を行わなければ達成でき

なかったものである。また、原告が本件合併のもう一つの正当な事業目的
として主張する本件事業の管理体制の強化についても、本件合併を行わず
とも旧B社の行う事業を予算会議の審議の対象とすることにより達成す
ることは可能であった。

　加えて、<u>行為の不自然性の程度との比較の観点からみても、本件合併の
合理性を説明するに足りるだけの事業目的等が存在するとは認められない
こと</u>からすれば、本件において、<u>税負担を減少させること以外に原告が本
件合併を行うことの合理的な理由となる事業目的その他の事情があったと
は認められない。</u>（※下線筆者）

　内部証拠は納税者の主張となりますから、有利な方向で働くのはよいで
すが、上記のように内部会議録等々であからさまに税負担軽減目的とあれ
ば、当局の心証は必然的に悪くなります。本件では、結果として納税者の
主張が税負担軽減と捉えられたともいえ、内部証拠の記載や保全には十分
な留意が必要であることがわかります。

（参照）

▶経済的合理性の例

　金融機関提案の場合、金融機関に考えさせるほうがよいです。ご自身で
プランニングする方は上場企業のプレスリリースを参照にしたり、下記の
ような国税資料をもとに作成したりと、いわゆる土台を用意して、当該案
件に沿った流れにすると作成しやすいです。

　（例）経済的合理性の例

　「2　株式交換の目的等[4]

　　H2Oリテイリング及びイズミヤは、少子高齢化に伴う消費活力の
　減退、ネット通販の拡大を中心とする購買スタイルの変化等、顧客の

4　大阪国税局 文書回答事例「別紙 持株会社を株式交換完全親法人とする株式交換における
　事業関連性の判定について」より抜粋。

消費動向が急速に変化するなか、市場シェアの確保、様々なニーズの変化を確実に捉える商品・売場・販売チャネルの提供により、顧客からの支持をより強固なものとすることが急務であると認識しており、本件株式交換は、共通の理念を持つ両社が、関西圏という地域の中で多様な業種業態、取扱商品群を揃えた総合小売サービス業グループを構築することを目的として行うものです。

　本件株式交換による経営統合後は、両社の保有するポイントサービス制度を共通化して新しい顧客還元サービスを構築するほか、相互の人事交流を積極的に図りつつ、両社グループの多様な店舗網による情報収集力をもとにした商品開発や物流機能の相互活用などにより、総合小売業グループ全体として強固な体制を構築することを目指しています。」

各取引、特に金額的に重要な取引、後々事実認定ベースになりそうな取引においては、このような証拠を文書化しておくことが必須といえます。

（プロフィール）

伊藤 俊一（いとう しゅんいち）

伊藤俊一税理士事務所代表。

愛知県生まれ。税理士。愛知県立旭丘高校卒業、慶應義塾大学文学部入学。一橋大学大学院国際企業戦略研究科経営法務専攻修士、同博士課程満期退学。

事業承継・少数株主からの株式集約（中小企業の資本政策）・相続税・地主様の土地有効活用コンサルティングについて累積数百件のスキーム立案実行、税理士・公認会計士・弁護士・司法書士等からの相談業務、会計事務所、税理士法人の顧問業務、租税法鑑定意見書、各種FAS業務鑑定意見書作成等々を主力業務としている。

【主な著書】

非上場株式評価チェックシート（2023年）

新版 Q&A 非上場株式の評価と戦略的活用手法のすべて（2022年）

新版 Q&A みなし贈与のすべて（2022年）

Q&A 配当還元方式適用場面のすべて（2021年）

Q&A 所得税・消費税における みなし贈与のすべて（2021年）

Q&A みなし配当のすべて（2020年）

Q&A 課税実務における 有利・不利判定（2020年）

Q&A「税理士（PF）」「弁護士」「起業CFO」単独で完結できる 中小・零細企業のためのM&A実践活用スキーム（2020年）

Q&A 中小・零細企業のための 事業承継戦略と実践的活用スキーム（2019年）

Q&A 中小企業のための 資本戦略と実践的活用スキーム（2019年）

（以上、ロギカ書房）

税務署を納得させるエビデンス―決定的証拠の集め方― 1 個人編

税務署を納得させるエビデンス―決定的証拠の集め方― 2 法人編

税務署を納得させるエビデンス―決定的証拠の集め方― 3 相続編

（2023年）（以上、ぎょうせい）

［Q&A］

同族法人をめぐる
オーナー社長の貸付金・借入金消去
の税務

初版発行	2023年5月30日	
2刷発行	2023年8月10日	
3刷発行	2024年6月10日	

著　　者　　伊藤 俊一

発 行 者　　橋詰 守

発 行 所　　株式会社 ロギカ書房
　　　　　　〒101-0062
　　　　　　東京都千代田区神田駿河台3-1-9
　　　　　　日光ビル5階 B-2号室
　　　　　　Tel 03（5244）5143
　　　　　　Fax 03（5244）5144
　　　　　　http://logicashobo.co.jp/

印刷・製本　　藤原印刷株式会社

「税務質問会」のご案内 https://myhoumu.jp/zeimusoudan/

会員の先生からの質問
（他の会員には匿名）

質問 →

税務質問会 会員専用の掲示版
（非公開の会員HP）

← 回答

伊藤 俊一

メール配信（質問者の名前は非公開）

他の会員

質問できる内容は、過去の会計や税務に関する処理や判断（国際税務を除く）についてです。
以下のスキームやプランニングなどの提案に関する内容は対象外です。
（別サービス「節税タックスプランニング研究会」の対象）
節税対策やスキーム／保険活用の節税手法／M&A／事業継承スキーム／
組織再編／相続対策相続に関連する不動産の問題（借地権など）／
税務上適正株価算定／株価対策やスクイーズアウトを含む株主対策／
新株発行・併合・消却など株式関連／民事信託など

特徴と利用するメリット

税務に関する
質問・相談ができる

他の会員の質疑応答の
内容を見ることができる

税務に関する解説動画
30本以上が
ワンポイント解説
36種類が視聴できる

実務に役立つ
セミナー動画を
初月無料で視聴できる

弁護士監修の
一般企業用書式
400種類が利用できる

DVD/書籍を
割引購入できる

●初月無料で以下のサービスを利用できます。

【1】税務に関する質問・相談（専用フォームから何度でも質問できます）

【2】実務講座の視聴

① 社長貸付金・社長借入金を解消する手法と留意点

② 役員給与の基本と留意点

③ ミス事例で学ぶ消費税実務の留意点（基本編）

④ 税務質疑応答事例〜法人税法・所得税法〜

⑤ 税務質疑応答事例〜相続・贈与〜

⑥ 税務質疑応答事例〜役員給与・固定資産税編〜

⑦ 税務質疑応答事例〜消費税編〜

●正会員になると実務講座を視聴できます。（プレミアムプランの場合）

01 Ｑ＆Ａ課税実務における有利・不利判定

02 税理士が見落としがちな「みなし贈与」のすべて

03 借地権に関する実務論点

04 不動産管理会社と不動産所有型法人の論点整理

05 「税理士（FP）」「弁護士」「企業 CFO」単独で完結できる中小企業・零細企業のための M&A 実践活用スキーム

06 中小企業のための資本戦略と実践的活用スキーム＜組織再編成・スクイーズアウト・税務上適正評価額＞

07 中小・零細企業のための事業承継戦略と実践的活用スキーム

08 非上場株式の評価と戦略的活用スキーム（事業承継スキーム編）

09 非上場株式の評価と戦略的活用スキーム（株式評価編）

10 事業廃止の最適タイミングと盲点・留意点

11 会計事務所で完結できる財務＆税務デュー・デリジェンス「財務ＤＤ・税務ＤＤ報告書作成法」

12 会計事務所で完結できる DCF 法による株価評価報告書作成法

13 ミス事例で学ぶ消費税実務の留意点（基本編）

14 今更聞けない不動産 M&A 〜不動産 M&A の基本〜

15 役員給与の基本と留意点

16 役員退職金の基本と留意点

17 ミス事例で学ぶ消費税実務の留意点（中級編）

18 ミス事例で学ぶ消費税実務の留意点（上級編）

19 税務調査の勘所と留意点「事前準備と調査対応」の基本

20 税務調査の勘所と留意点「調査時の対応方法」

【会費】

スタンダードプラン	プレミアムプラン
●初月　無料	●初月　無料
●２カ月目以降　月8,800円（税込）	●２カ月目以降　月13,200円（税込）
①専用フォームから質問・相談できる	①専用フォームから質問・相談できる
②実務講座（スタンダード）12種類	②実務講座（スタンダード）12種類
③特典書式400種類（一般企業用）	③実務講座（プレミアム）40種類以上
	④特典書式400種類（一般企業用）

運営：伊藤俊一税理士事務所　　事務局：株式会社バレーフィールド
お問い合わせ先【TEL】03-6272-6906　【Email】book@valley-field.com
【WEB サイト】https://myhoumu.jp/zeimusoudan/

「節税タックスプランニング研究会」のご案内 https://myhoumu.jp/lp/taxplanning/

質問

節税タックス
プランニング研究会
会員専用の掲示板
(非公開の会員HP)

会員の先生からの質問
（他の会員には匿名）

回答
伊藤 俊一

メール配信（質問者の名前は非公開）

他の会員

この研究会で質問できる内容は以下の通りです。
①過去の会計や税務に関する処理や判断（税務質問会と同様）
　※事前に調べることなく、すぐに質問できる点で「税務質問会」と異なります。
②これから実施する税務に関連するスキーム等
節税対策やスキーム／保険活用の節税手法／M&A／事業継承スキーム／
組織再編／相続対策相続に関連する不動産の問題（借地権など）／
税務上適正株価算定／株価対策やスクイーズアウトを含む株主対策／
新株発行・併合・消却など株式関連／民事信託など
※①②いずれも国際税務を除く

「節税タックスプランニング研究会」の特徴と利用するメリット

事前調べなしに、税務や
タックスプランニングについて
質問・相談ができる

他の会員の質疑応答の
内容を見ることができる

税務・タックスプランニングに
関する解説動画40種類
ワンポイント解説
36種類が視聴できる

実務に役立つ
セミナー動画を
初月無料で視聴できる

弁護士監修の
一般企業用書式
400種類が利用できる

DVD/書籍の
割引購入が可能

●初月無料で以下のサービスを利用できます。

【1】過去の会計や税務に関する処理や判断および節税策やタックスプランニングに関する質問・相談

【2】実務講座の視聴

① 節税商品のトレンドと利用時の留意点
② 「税理士（FP）」「弁護士」「企業CFO」単独で完結できる中小企業・零細企業のためのM&A実践活用スキーム
③ 中小企業のための資本戦略と実践的活用スキーム＜組織再編成・スクイーズアウト・税務上適正評価額＞
④ 中小・零細企業のための事業承継戦略と実践的活用スキーム
⑤ 非上場株式の評価と戦略的活用スキーム（事業承継スキーム編）
⑥ 非上場株式の評価と戦略的活用スキーム（株式評価編）
⑦ 税務質疑応答事例〜法人税法・所得税法〜
⑧ 税務質疑応答事例〜相続・贈与〜
⑨ 税務質疑応答事例〜役員給与・固定資産税編〜
⑩ 税務質疑応答事例〜消費税編〜

●正会員になると実務講座を視聴できます。（プレミアムプランの場合）
税務質問会（プレミアムプラン）の実務講座41種類に加えて、以下の講座を視聴できます。

42 金融機関提案書の読み解き方と留意点
43 会社を設立する際のタックスプランニングと留意すべき事項
44 増資や減資を行う際のタックスプランニングと留意すべき事項
45 富裕層向け節税プランニングの基本プロセスと留意点
46 会社分割によるタックスプランニングの基本と留意点
47 各種節税プランニングといわれている事例の概要と税務上の留意点
48 組織再編成と事業承継・再生に係るプランニングの基本
49 事業承継のタックスプランニング
50 事業再生のタックスプランニング
51 「廃業」と「倒産」における税務の基本と留意点

【会費】

スタンダードプラン	プレミアムプラン
●初月 無料	●初月 無料
●2カ月目以降 月19,800円（税込）	●2カ月目以降 月24,200円（税込）
①専用フォームから質問・相談できる	①専用フォームから質問・相談できる
②実務講座（スタンダード）11種類	②実務講座（スタンダード）11種類
③特典書式400種類（一般企業用）	③実務講座（プレミアム）40種類以上
	④特典書式400種類（一般企業用）

運営：伊藤俊一税理士事務所　　事務局：株式会社バレーフィールド
お問い合わせ先【TEL】03-6272-6906　【Email】book@valley-field.com
【WEBサイト】https://myhoumu.jp/lp/taxplanning/